U0945165

他给的寂寞比甜蜜多

张爱玲一个人的城池

桑妮／著

陕西出版传媒集团
陕西人民出版社

图书在版编目（CIP）数据

他给的寂寞比甜蜜多：张爱玲一个人的城池 / 桑妮著 . -- 西安：陕西人民出版社，2013
ISBN 978-7-224-10500-1
Ⅰ . ①他… Ⅱ . ①桑… Ⅲ . ①张爱玲（1920 ～ 1995）—传记 Ⅳ . ① K825.6
中国版本图书馆 CIP 数据核字 (2013) 第 023832 号

他给的寂寞比甜蜜多：张爱玲一个人的城池

作　　者：桑　妮
出 品 人：惠西平
总 策 划：宋亚萍
策 划 人：张进步　程园园
出版统筹：关　宁
责任编辑：韩　琳　王　倩　王　凌
视觉监制：马仕睿
装帧设计：typo_d

出版发行：陕西出版传媒集团　陕西人民出版社
地　　址：西安北大街 147 号　邮编：710003
印　　刷：北京卡乐富印刷有限公司
开　　本：32 开　8.5 印张
字　　数：200 千字
版　　次：2013 年 06 月第 1 版　2013 年 06 月第 1 次印刷
书　　号：ISBN 978-7-224-10500-1
定　　价：39.80 元

引子·苍凉的底色 5

壹　旧上海最后的贵族

煊赫旧家声 12
贵族的风华 14
豪门深似海 17
最后的绝唱 21
她他的断章 23

贰　黑暗里的橙红色岁月

天津·童年的光 30
母亲·鸢尾女子 38
父亲·旧时遗少 47
继母·黑暗的刺 59
姑姑·半生眷爱 65
弟弟·天才阴影 74

叁　出名要趁早

才情掩不住 84
一个人盛大 91
爱丁顿公寓 97
香港的岁月 104
出名要趁早 114

肆　原来你也在这里

尘埃里的花 124
岁月之静好 135
现世之安稳 144
乱世惹尘埃 154
因为懂得 165
所以慈悲 174

伍　再也回不去了

短暂的交集 184
自我的放逐 191
香港空的城 197
彼岸的阳光 201

陆　生命是一袭华美的袍

我又遇见你 212
竟是新相知 218
爬满了跳蚤 222

柒　她比烟花还寂寞

她是座孤岛 238
隐居沙漠里 246
最后的最后 254

尾篇

她，一个人的城池 260

张爱玲年表 264

引子·苍凉的底色

友人曾不止一次地说起过，我是个寡淡的人。

我不否认。

于我，诚然。

真的很难喜欢一个人、一样东西、一件事情。但是，一旦心生了欢喜，就会难以停止。譬如，我对爱玲。

从情窦初开的年纪，到如今之而立。经年的岁月里，她就如同祖母留存下来的玉镯子般，亮闪闪地影在我的心间。

我曾，将关于她的所有文章，逐字逐句阅读。不厌其烦，不知困倦。且常读常新。

我曾，将她描摹过的穿着，一一照仿。笨拙的手工，不算冷傲的眸子。总是让我独鹤人群。

我曾，不止一次地往返于上海，路过她那朱门深掩、弥漫着旧时痕的公寓。晨昏日暮，云卷云舒。

这么说，于爱玲，我又是这般的长情。

我不喜的胡兰成曾说过："世上但凡有一句话，一件事，是关于张爱玲的，便皆成为好。"这个伤了爱玲的男子，却说入了我的心坎。也许，还说入了所有"张迷"的心间。

但是，我依然厌他至极。我想，这便是所谓的"爱屋及乌"的心理了吧！

对于爱玲。我自始至终都是怀着那样一份"高山仰止，景行行止，虽不能至，然心向往之"的仰慕。

而今，我将斗胆以一支笨拙的笔，写她的那片雾霭桃花了。

我亦曾，说服自己放弃这份写她的心。只怕写不好，反成破灭。然而，内心却有一匹小鹿在躁动。那些个，久藏于心的话，不诉不快；那些个，她的气息、她的点点胭红，如同安妮的“月棠记”，让我这般清澈地看到她生命的质地，以及那枝丫深处丝丝缕缕的褶皱和暗影。

长长久久的时日里，她就如同一块磁石，附着在了我的身心深处。

我以记忆的方式，将她的过往，一点一滴地呈现。煊赫旧家声里的稚嫩孩童，孤单单立在苍凉天空下的小女孩，写就森然《第一炉香》的才情少女，低入尘埃开出花朵的情窦女子，遭遇爱的背叛的孤寂少妇，以及乱世之中独我生存的、颠沛流离的、与赖雅相伴的、孤独终老的……

她这多舛的人生，如同她笔下的故事，苍凉和疼痛，皆是那般的刺痛人心。

然而，我亦知，张爱玲，这三个字当中的惊红骇绿。

深得她衣钵的香港女作家李碧华，早就如是说："张爱玲是一口掘之不尽的苦井，而且大方，谁都可以来淘，但谁也淘不尽。”她又说，“每以鹤姿仰视，冷静，自信，独立，而且毒辣。我们永远见不着她顶上的朱红。”

一语之下，人仿似尽见了爱玲从稚嫩，蜕变，繁茂，直至荒凉的过程，真叫人为着“张爱玲的顶天立地，世界都要起六种震动”而心惊肉跳！

不过，我亦知——

她亦吃五谷杂粮，着明艳衣衫，谈世间情爱；虽不谙红尘雾霭，却亦可在那浮生一片的姹紫嫣红、纸醉金迷中，自顾自地高贵静默着。并且，丧乱的国度，离乱的家庭，意乱的世相，一一被她在那“少年诗赋动江关”的文字中排遣出来。

由是，再拒人千里之外的心境，亦有了让后人有迹可循的痕。

你，若慢慢寻，寻到深处、内里，便会惊觉，她这个旷世才女，骨子里仍只是个女子，一个委曲求全容易受伤的女子。那一刻，你便觉得和她亲近了，而且是这样的亲近。于是，所有的对有着如烟花般灿烂又寂寞人生的她的怜悯、心疼，都油然而生了。

遂，更爱她，仰慕着她了。

岁暮。夜凉如水。

我蜷曲在沙发里，看昏暗的荧幕上，《滚滚红尘》中那对男女的爱恨纠葛。是三毛以爱玲和胡兰成为原型而改编的。

看得入了迷。依稀仿佛间，在沈韶华回头看章能才的一刹，看到了爱玲：明黄的宽袍大袖，嘈切的云朵盘头；黑色绸底上装嵌着桃红的边，青灰长裙，淡黄玳瑁眼镜，如意镶边的宝蓝配苹果绿的绣花袄裤……

她于雾霭红尘中，深情地回头，看向房东太太客厅里的能才。眼中起了雾水，明晃晃的灯光，貌似将前尘、过往、将来的一切种种都给照透，恍闪在她心底。她，如是惆怅、萎谢了……

我知道，这是我的臆想。

其实，于我心底，多想，她在初遇胡兰成的那刻，便可通晓她和他之间的世相、洞明她和他之间的世事。如此，她才不至于被他伤了心、伤了身、伤了性灵。

然而，一切已成定局。

我断无回天之术，亦无法让时光倒流。她和他走过的那段甚为神伤的岁月，仍然在历史的走廊里寂寞地回响着。

她，因他而走过的那段苍茫寂寂岁月，依旧若那一抹猩红，断章在她的人生里。让“张迷”们个个“没齿难忘”。

我知道，我这样一个外人是无法替她来评价胡的好坏的。但是，因为可以在几十年后纵观她的人生轨迹，便真心地厌恶起那个“胡”来。

试想，若是当年以二十四岁韶华好年纪路遇的不是风流倜傥的他，她的人生便不会因此而十几年灰暗苍凉。亦不会，十几年里，爱不了人，也不让人爱。虽然，她生来喜僻，不喜应酬交际。然而，断不会那般的拒人于千里之外。

她原是爱慕这个世界的。要不，她怎会言：“我立在阳台上，在黯蓝的月光里看那张照片，照片里的笑，似乎有蔑视的意味，然而那注视里还是有对这世界难言的恋慕。”

只是，这尘世再是繁华热闹，终抵不过情伤过后的苍凉了。于是，她在岁月里随手一揭，就让我们尽见了繁华锦幕后哀凉的人生荒漠。她，独行其间，踽踽的，如同三毛在撒哈拉沙漠里行走一般。外人，看似全然都是寂寞。然而，于她们内心深处却唯有自我温情。

由此，我曾不止一次地跟亦是“张迷”的学弟学妹们讲：其实爱玲的苍凉，绝不是一般意义上的那股子苍凉，灰的、暗的、凉的、淡的、恍惚的、迷离的……通通都不是。而是，五光十色的、温暖的、舒适的。是让人会不由得沉醉，一直沉醉下去的那种。就比如那朵云轩信笺上的泪珠。入眼间，是一抹红黄的湿晕。如此的美，如此的惊艳。

常常，学弟学妹们会被我这论调惊得目瞪口呆，继而折服。仅有那么一次，一个口无遮拦的学妹，表示了异议。她言，再美，再惊艳，她的人生断也逃不过“苍凉”二字呀。说到底，终归是“苍凉”得让人心疼啊！

顿时，我语塞。突然难过得无法自已。

是呀！

她的人生，她的苍凉如同荒漠的人生，再是被我以温情美化，终究改变不了既定的局。我只是，太过痛惜她的际遇罢了，才如是这般武断地为她的千疮百孔的人生“织锦刺绣”。

而她自己，并未如此。

与我相比，她那一手犀利又华丽的文字，如果她愿意，定会将自己的人生编排得如玉似翠般的华美精致。可她没有。

只因，她早就洞悉世态。十七岁的年纪里，她已窥见这世间底色。那一年，她曾写下这样一句折服世人的句子：“生命是一袭华美的袍，爬满了虱子。”要知道，这样的内省，绝对跟胡兰成无任何关系，而是跟她的成长相关。

写至此处，我便见了那个躲在阴暗墙角处的小小爱玲。

她，正用一双凛冽的眸，看高高围墙之内，披着湿答答苔痕的男女老少们，上演着人情世故。并且，通过他们之间嘈杂的闲言碎语来阅读理解这个荒凉的人生。

亦看见了，那个自小就由心生出繁华无可挽回的敏感爱玲。那时，她因睡觉误了放烟火，于是“觉得一切的繁华都已经成了过去，我没有份了，躺在床上哭了又哭，不肯起来，最后被拉了起来，坐在小藤椅上，人家替我穿上新鞋的时候，还是哭——即使穿上新鞋也赶不上了”。

诚然，她的“苍凉”底色，自孩童时，便已打上了烙印。不然，她不会这般的对美好事物心生惋惜的微慌。

这才有一张张散着墨香的，氤氲着湿润苍凉、阴郁的人生故事，在她的小小世界里上演，如同黑白的默片，将那昔日的辉煌在“蹉跎暮容色，煊赫旧家声”的慨叹中飞金走彩、沧桑堆积，将那都市中千般繁华下的满目苍凉、温柔富贵中的凄清哀婉，于貌似漫不经心的描龙绣凤中，字字句句刺在了世人的心尖上。

如是，人人皆醉了。

如同，醉在了那紫色缎子屏风上的织金云朵里的鸟，虽气息漂浮着腐烂的味道，却也在她苍凉的人生底色里成了凭空擎出的一只金漆托盘。

这令人如此着魔的爱玲！

而如此的爱玲，怎能让我不想和她有一个不诉别离的约会呢！

记不得谁写的词了：“思往事，记惺忪。看灯人异去年容。可恨莺儿频换梦，情丝轻袅断魂风。”但我，清楚地知道，我将如一个深情男子般，与她有一场难忘的相约。

就请，就请，远在天际的爱玲，给我这一场隔空对话的美好约会。

我们在一起，永不诉别离。

壹……

旧上海最后的贵族

我立于时间的荒野

见一条河

潺潺流过

临水照影间，她依稀可见

那样的静美、凄楚、凛冽

我屏住呼吸

感知她水一般流过

我的心间

带来她的故事

悄悄上演

煊赫旧家声

1920年。上海秋天。

爱玲出生了。诞生在重门深掩、帘幕低垂的张公馆内。

这时的历史舞台，还在上演着民国那些旖旎悱恻的故事。虽然，高楼已经林立，西式建筑亦充斥满上海滩，但是，一个个覆满浓郁封建历史尘埃的家族仍旧在。即便，他们住着的或是哥特范儿或是奢华范儿的欧式风格建筑，但骨子里，他们却仍是遗老遗少的气派。

人们透过那深掩的朱门，看过去，感受到的仍旧是一抹浓稠得化不开的奢逸风光。

然而，这一年，张家却确确实实地正从繁华走向没落。

而我，远在那片时光之外，隔着一百多年的岁月，拨云抹雾地，正看到这座青砖高墙、亮晃晃透明玻璃的西式洋房的内里：满清遗少、鸦片、姨太太，家庭破败，种种残缺、颓废……

她从那边厢传出微弱的婴儿的啼哭。仔细辨，还能听出一丝荒凉来。接下来的日子，她将以"美丽而苍凉"的姿态，来体验这座豪门深宅内的人生岁月。人说，"一进豪门深似海"。说的是拼却性命、擎着俊俏红颜，只为进豪门的那些烟花般美好的女子。然而，对于出生于没落豪门中的爱玲，也未必就不是这般"深似海"的凄冷感受。

有人，将那时的张公馆比作遍身散发着冷冷光泽的青花瓷，冷而空，不见一点温暖的肌理。我认为这比喻再精准不过。

那座透着荣华富贵的西式洋房，地处当时的公共租界，靠近温婉的苏州河。那是声名赫赫的李鸿章留给后代的唯一财富见证。当年，这洋房作为爱玲祖母的陪嫁，留存在了张家的地盘里。然而，费力推开那扇掩着的朱门，你看到的却是另一番浑浊的世相。

封建家庭的衰败、没落，世态人情的炎凉，生命交错的起伏与哀伤，以及那些属于遗老遗少们的病态的人、病态的事……如是等等，渐渐腐蚀了成长着的小爱玲的心灵，并日渐成为吞噬撕咬着她的切肤之痛。于是，我们看到了她这样令人眼湿的句子:“有阳光的地方让人瞌睡，阴暗的地方有古墓的清凉。”

这是她对自己童年记忆的叙述。

由此，我们亦知，生在那样的家庭里的她的不幸与失落。

多年后，她在和好友苏青某次分别后，还一个人在黄昏的阳台上如是感慨着:“晚烟里，上海的边疆微微起伏，虽没有山也像是层峦叠嶂。我想到许多人的命运，连我在内的，有一种郁郁苍苍的身世之感。‘身世之感’普通总是自伤、自怜的意思罢，但我想是可以有更大的解释的。”

我想，某些时候她是刻意回避自己这样的家世的。然而，她不知，这样的显贵、煊赫家世，早已沁入她的灵魂深处，并点点滴滴沉淀到她的骨子里，和她浑然一体了。要不，在几十年后的今天，人们还给予她这样的独特评价——“旧上海最后一个贵族”。

而在她爱的那个男子亦曾如是说过：“和她相处，总觉得她是贵族。”

只是，她自己浑然不觉。

其实，回转身来看爱玲的身世，亦是为她欣喜的。虽然那深深朱门后掩藏着的全然是一片灰暗的云雾，然而，溯源而上，那个簪缨世族的深婉底蕴，却赋予了她一种无人能及、无人能挡的恣肆的才华，使得她无论气质，还是才情，都跃然人上。

正如此，她那宛若金针的笔触，才能在纸端，清婉流畅地描绣出字字刺人心坎的隽文丽句。

贵族的风华

曾不止一人说过，爱玲的传奇脱不开那段辉煌而悲伤的家世背景。

如是，我循着那段光华拨开层层历史雾霭，与尘埃过往同在，似在穿越了。透过那座庭院深深的宅邸，我闻到了幽微的桃花香，亦看到了一位风姿绰约的少女。她微微颔首，看向远方，如是看到了未来。

她不是爱玲。而是爱玲的祖母李菊耦。

她，并非寻常人家的女子，而是李鸿章的千金。

李鸿章，权倾朝野数十载，虽后世对其万千非议，但难以湮没他在历史上写下的那浓重的一笔。

李菊耦正是出身于这样的一个豪门。

曾朴曾于其作品《孽海花》中，将她如此形容：“眉长而略弯，目秀而不魅，鼻悬玉准，齿列贝编”；“貌比威施，才同班左，贤如鲍孟，巧夺灵芸。”如此灵秀的女子，李鸿章是“爱之如明珠，左右不离”的。

然而，他却在她韶华好年纪时，将之许配给了郁郁不得志的比她大十八岁的清流人物张佩纶。

我是有好奇心的。尤其对于这样的姻缘。

遍寻历史，我看到的张佩纶是一个少时熟读经书，后中进士、入翰林，凭借着一支妙笔纵横官场，却终于仕途不济，被罢官充军的铮铮汉子。如此男子，应是容易被女子青睐的。所以，年纪、家境、门第，一切等等便也都成了浮云。当初，李菊耦对张佩纶正如是。

关于对他的倾慕，她曾有诗：

其一

基隆南望泪潸潸，闻道元戎匹马还；

一战岂容轻大计，四边从此失天关。

焚车我自宽房琯，乘障谁教使狄山；

宵旰甘泉犹望捷，群公何以慰龙颜。

其二

痛哭陈词动圣明，长孺长揖傲公卿；

论材宰相笼中物，杀贼书生纸上兵。

宣室不妨留贾席，越台何事请终缨；

豸冠寂寞犀衢尽，功罪千秋付史评。

字句间，她那女儿家的闺阁心思便全然跃于纸端了。

作为光绪初年政坛上风头极健的“翰林四谏”之一的张佩纶，当然深得李鸿章的赏识。他曾经对友人如是赞许他：“幼樵以北学大师，作东床赘婿……老年得此，深惬素怀。”

虽然，曾经在他权倾朝野，力主议和之时，身为御史的张佩纶，力主迎战，抨击他的议和之举，李鸿章对此却心无芥蒂，在张佩纶兵败基隆，被贬热河七载，刑满释归京师之际，将其招入府中，聘为幕僚，并促成了爱女和张佩纶的这一桩不分门第被世人传为佳话的姻缘。

对于这桩婚事。李夫人赵继莲多有微词。她对将仅二十二岁的掌上明珠许配给已四十一岁的谪官，深觉委屈。无奈，身为女儿的李菊耦跟她的父亲心意相通，对张佩纶一往情深，决绝地表达了自己非他不嫁的心意。

故此，后世人对于这段姻缘有了更深的探究之心。不过，终无人明了赫赫中堂大人的心绪和李菊耦的抉择。

于我看来，时光一晃即过，凡事能成其为佳话，无需究其缘由，只要任其成为传奇便好。

虽然张佩纶比李菊耦大了整整十九岁，并且李菊耦还只是张的第三任填房。这又如何？他们在后来的时光里，夫妻感情甚笃，彼此吟咏行乐，享受着神仙也会嫉妒的煮酒烹羹之美好。

后来，虽然他在官场上没能风云再起，但是，因着身为李鸿章女婿的缘故，他仍能仰仗着李鸿章奉送给娇妻李菊耦的富足嫁妆，而富甲于一方。田产几许，房产几处，珠宝几多，应还是无法计算的。

后来，他正式退出政治舞台，避政于南京某处豪宅之内。

而爱玲，作为他们的后代，是承袭了他们的风华的，并且深入到骨子里。所以，多年后，胡兰成在《今生今世》中写下了这样的句子："其实她是清苦到自己上街买菜。然而站在她跟前，就是最豪华的人也会感觉威胁，看出自己的寒碜，不过是暴发户。"

这是来自骨子里的贵族气。是那些即便因世事变迁，沧桑过往，而被夺去了车马豪宅，也还遗存于血脉的贵族风华。

已无关了锦食车马。

豪门深似海

在南京那座花木竞秀、清雅幽静的豪宅大院里，恩爱的张佩纶夫妇相继生下了一子一女。儿子，即爱玲的父亲张志沂；女儿，即爱玲的姑姑张茂渊。

而关于他们那段神仙眷侣般的美好生活，华彩的张佩纶在自己所著的《涧于日记》里有着这样的记载：

重阳日与内人煮酒持螯，甚乐。

终日在兰骈馆与菊耦评书读画。与菊耦手谈，甚乐。

以家酿与菊耦小酌，月影清圆，花香摇曳，酒亦微醺矣。

菊耦偶有不适，煮药、煎茶、赌棋、读画，聊与遣兴。

菊耦生日，夜煮茗，谈史，甚乐。

更有如此之诗：

一叶扁舟一粟身，风帆到处易迷津；

能从急流滩头转，便是清凉畛里人。

大了的爱玲，对于他们这段美好姻缘，有着这样的动情的艳羡：“我没赶上看见他们，所以跟他们的关系仅只是属于彼此，一种沉默的无条件的支持，看似无用，无效，却是我最需要的。他们只静静地躺在我的血液里，等我死的时候再死一次。我爱他们。”

她一向寡淡。更不曾多言爱或喜欢。

而对于祖母、祖父，她的态度却炽热地苒苒地在心底簇拥成一片茂林。

和她最为交好的姑姑张茂渊的态度，却与她大相径庭。她对她说：“我想奶奶是不愿意的。”又说：“这老爷爷（李鸿章）也真是……两个女儿一个嫁给比她大将近二十岁的做填房，一个嫁给比她小六岁的，一辈子都嫌她老。”

父亲张志沂，亦不似爱玲这般欢喜。

小时，弟弟给她看影着祖父、祖母故事的《孽海花》，神秘地说道：“说是爷爷在里头。”爱玲便怀着颗萌动的心，真切地看了起来。并兴冲冲地问起父亲这相关的往事来。然而他像是捂着一身的虱子般，“只一味辟谣，说根本不可能在签押房撞见奶奶。那首诗也是捏造的”，转而，还让她去读祖父的文集，生怕那些前尘往事中的家世身份给暴露了般。

爱玲，并不因他们的态度而改变对祖父、祖母的爱。她曾在自己的《对照记》中大声地宣告她爱他们。并且，在读他的手稿时，还能生发出一份对他的欣赏及仰慕来。更于传说里知闻祖父张佩纶的种种——

> 张佩纶仪容潇洒，能言善辩，颇有名士之风。直隶丰润人。出生于士大夫之家。中举人、点进士，从翰林院至侍读，后升御史。为清末“清流派”的中坚人物，常和志同道合之士一起抨击时弊，纠弹官吏。闲时，亦狎妓纵酒，风月无边。喜着竹布长衫，招摇过市，风流倜傥，一时京都士大夫纷纷争相效仿。

这样颇具传奇色彩的祖父，是深入了她那颗独特的心的。

后来的后来，她在发表文章之余，总免不了表达一番自己身怀这“贵族血液”的“引为殊荣”之感。

不过，这段她在心底引以为傲的繁华盛世，亦免不了在时光里湮没于尘土中。

也是。

历来，世间多少江山执掌、多少宫闱琐事、多少朱门情切，总免不了被尘封，纵有那九千九百九十九间半的宫殿，纵有那三十六金刚、七十二地煞的庇护，终究逃不过成为历史的惊鸿一瞥。

这，是尘世既定的宿命因由。

何况他们只不过是一时的贵族名门而已。

那一年，甲午战争爆发，北洋水师又遭败绩。赫赫大清王国，便被迫签署了屈辱的卖国条约《马关条约》。时为马关议和全权大臣的李鸿章，因此而成为全民族的罪人。在下榻的旅馆门口，遭遇了狙击手的袭击，当即弹伤颊骨，血流满面。

这一枪之后，他便一蹶不振，从此门庭冷落。后来，终于在悲哀中死去了。

他这一死，张佩纶变得更加颓废、消极，终日里饮酒浇愁。仅一年多，他便在抑郁寡欢中随李鸿章而去。享年五十五岁。

此际，他的幼子张志沂只七岁，女儿张茂渊仅两岁，而爱妻李菊耦还不足四十岁。

“碧海青天夜夜心”，有人用这样的句子形容早早守了寡的李菊耦。

不过，于我看来，最懂祖母的还是爱玲。她在《对照记》中如是言之凿凿道：“奶奶就只有一首集句是她自己作的：四十明朝过，犹为世网萦。蹉跎暮容色，煊赫旧家声。”

最后的绝唱

乱世的人和事，都是经不得细数的。只消一阵风，便可把他们吹散成红尘里的一抹沉香屑。

看爱玲的父亲，便可知晓。

外公死去，接踵而来的是父亲也去世了。一时，显赫的门第，落寞成一个暗灰的影子。尽管家财或许万贯，但终究还是在心底隐约有了一个坐吃山空的忧患。适逢朝代更替，像他们家这般的家庭渐都沦为没落的贵族。

应是时代的悲剧，只可惜，偏偏让他赶上了，而做了个时代的悲剧人物。得过且过，狎妓、抽鸦片、买醉，逃避。

其实，细探究，也怪不得他。幼年丧父，年轻的寡母，便将一腔期望寄托在他身上了。于是乎，委以重任、严加看管，并于望子成龙的心切中渐渐失衡。如是，我们看到了这样的一幕：

她给儿子穿上艳丽过时的衣衫，刻意地将他打扮成一副腼腆的女儿相，以此让他见不得人，认为如此就可以避免他把那干净、辉煌、显赫的家声给弄坏了。他就此满腹诗书八股。

然而，世事变迁。空有满腹学问的他，在长大后却全然派不上用场。因为，中国已进入民国时代，早就将科举制度废除掉了。

那些个用四书五经可换来钟鸣鼎食的时代，已经被湮没在了久远的历史尘埃里。

他终于渐渐颓废了。并在一条不归的歧道上，自我沉沦着——不管时日如何，哪怕拮据时，他也任着性子捧戏子、食鸦片、游赌城、逛妓院、纳小妾……他淋漓尽致地将一个郁郁不得志的满清遗少的劣根性，演绎得如同生旦净丑都上的剧目。

热闹至极，荒诞至极！更含着一抹浓重的悲凉。

关于这样的父亲，爱玲曾在《对照记》中用同情的笔墨如是回忆：

> 我父亲一辈子绕室吟哦，背诵如流，滔滔不绝，一气到底。末了拖长腔一唱三叹地作结。沉默着走了没一两丈远，又开始背另一篇。听不出是古文时文还是奏折，但是似乎没有重复的。我听着觉得辛酸，因为毫无用处。
>
> 他吃完饭马上站起来踱步，老女佣称为‘走趟子’，家传的助消化的好习惯，李鸿章在军中也都照做不误的。他一面大踱一面朗诵，回房也仍旧继续‘走趟子’，像笼中兽，永远沿着铁槛儿圈子巡行，背书背得川流不息，不舍昼夜——抽大烟的人睡得很晚。

我素来不觉爱玲是真的凉薄。

对于父亲，她原就有着深浓的眷爱的。

成年时如此。小时亦如此。

她在很小很小的时候，就能感知到父亲这种无所适从的寂寞。于是，她惘惘地说过：“父亲的房间里永远是下午，在那里坐久了便觉得沉下去，沉下去。”

诚然，跟爱玲一般背负着贵族血统的父亲，是为悲哀。因为生不逢时。因为生在乱世。因为无能为力。所以，无以排遣时，便只好选择一种卑微且骄傲的生活方式。

于是，背负着那些“毫无用处”的学问，在惆怅迷惘中醉生梦死。

于是，仰仗着祖上留存的还算丰厚的家产，奢靡挥霍着，直至衰败。

她他的断章

1915年。

张志沂和黄素琼（后改名黄逸梵）在一片华丽的喜气中，结为连理。

彼时，他们是一对璧人。十九岁的好年华，金童玉女，又都是名门之后，端的让世人艳羡。

想当年，红盖头下，他们深情对望间，亦曾生发出浓稠得化不开的情意。他欢心、喜悦；她亦娇羞。

生于大族之家的黄逸梵，家世是不输张志沂的。

其祖父黄翼升，乃是清末首任长江水师提督。当年，曾和李鸿章一起在曾国藩的麾下领军，说起来，也渊源颇深。其父黄宗炎，亦不辱家门，成年后位居南京军门之位。这样的黄家，在南京府可谓是响当当的名门望族。

而黄逸梵，是美丽的。看她的照片，黑白的，却清晰地看到一张清秀的脸，一双深邃的眸子。最令人动容的，还有那眉宇间隐约着的那抹孤傲。

一身潋滟风情，是沾染着浪漫情怀的。

看着这样的黄逸梵，会不由得想起爱玲来。我想，她那自我的贵族气息浓郁的傲骨，多半源于母亲黄逸梵。

跟满腹经纶、整日活在过往辉煌里的张志沂相比，黄逸梵无疑是新的。

无论气质、思想，皆是新的。

尽管张志沂也甚喜外来“文明”。比如，他喜欢吃国外进口的芦笋罐头，喜好各种新款轿车，亦翻看翻译的萧伯纳的小说，甚至还给自己取了个时髦的洋名字“提摩太·C·张”。然而，这都是皮，跟骨子里流淌着新式思想的妻子相比较，他仍是旧的。旧得如同是腐朽了的氤氲着前清气息的香炉。

而黄逸梵则不同。虽然她裹了一双标志着“旧式文化”的小脚，她的思想却在西式文明里驰骋。她喜欢外来事物，崇尚自由，推崇西式教育，若外国人般豁达处世。据说，她还拜师学习油画，常跟徐悲鸿、蒋碧薇这样的前沿社会名流交好。

她过的，完全是阳光潋滟、明媚的日子。

试想，这样的女子，断是不可能安静地在一个满清遗少的家里做少奶奶的。更何况，张志沂日趋沉沦。

胸无大志不说，还沉溺于酒色烟榻之中。整日里，在屋内吞云吐雾；闲时，纳妾嫖妓。并且，挥霍无度。

这，大大伤了她这位新生代女性的心。

渐渐失望，直至心冷。但，身为女子，亦想要真心和一个男子相伴终老。所以，她曾试图劝诫他。然而，努力过之后，终明白一切都是徒劳。根深蒂固的遗少风气，早已将其湮灭，挽回不得。

由是，冷掉的心生了满满的怨恨。爱玲曾如是说过："我母亲还有时候讲她自己家从前的事，但是她憎恨我们家。当初说媒的时候都是为了门第，却葬送了她一生。"

心灰意冷。

离散，成了必然。

在爱玲四岁那年，她终借口陪小姑子张茂渊出洋留学而远走他乡了。

至此，她和他的故事，断了章，再没延续。

只是，这着实害苦了那一对幼小儿女。儿子张子静，一生清冷、阴郁；女儿张爱玲，一生孤傲、寡淡。

关于弟弟，爱玲曾写过一篇《茉莉香片》，来将他的生活状态描摹，在里面我们看到了一个阴郁懦弱到有点变态的人，一个精神上的残疾人。

而她自己呢，在她的回忆中，我们可能能够窥探一二。她长久地回忆着父母在她三岁时合力看护她的伤寒症的情景，并在后来漫长的岁月里，靠着这点幼年的模糊回忆来温暖自己冷寂的心。

而曾经，她和弟弟一起，共同面对着父母的争吵，无助无依。据她回忆，每当父母吵架的时候，佣人都会把她和弟弟领到一个阳台上。然后，她和弟弟就在阳台上静静地骑着自行车。那个时候，她就觉得天好像要塌下来了。想必，比她还小两岁的弟弟，更是如此。

这样的伤害，注定要追随爱玲一生。

她曾说过："生于这世上，没有一样感情不是千疮百孔的。"

贰……

黑暗里的橙红色岁月

氤着旧时苔藓的深宅中

小小的她，孤独地站在阴暗长廊的日影底

眺向远方的清澈双眸

蕴满了哀伤

她，仿似看到了自己苍茫的未来

就那样狠心地故意将自己扔在一种暗灰中

而将那曾经——

温暖的橙黄岁月、快乐的朱红回忆

慢慢紧缩成心口

苍凉的痛

天津·童年的光

1

生在“头上搭了竹竿，晾着小孩的开裆裤；柜台上的玻璃缸中盛着‘参须露酒’；这一家的扩音机里唱着梅兰芳；那一家的无线电里卖着癞疥疮药；走到‘太白遗风’的招牌下打点料酒……纷纭，刺眼，神秘，滑稽”热闹上海的爱玲，最初的关于家的记忆，却来自天津。

那是段温暖朦胧、橙红色的甜蜜岁月。

就如同她在《童言无忌》中说过的那般：“童年的一天一天，温暖而迟慢，正像老棉鞋里面，粉红绒里子上晒着的阳光。”

而那时，她也真的赶上了张家仅剩的那一点点浮华世家的奢华与物质。那些带着历史痕迹的——斑斓的古董、多而杂的银器什物、几代流传下来的实木家具、水印木刻的信笺、线装的古典书籍……在在显现了某种奢华。私人轿车、专用司机、各房配备的佣人……则在在显现着这是个物质的家。

这个位于天津英租界的家，同样是一座阔绰的深宅大院。亦是祖产，是当年张佩纶续娶李菊耦时购买的。

爱玲，是两岁的时候来到这座宅院的。

那一年，父亲张志沂因与同父异母的大哥张志潜不和，便举家从上海搬迁到天津。并且，借亲戚推荐在天津津浦铁路局谋得了一个英文秘书的职位。

那一年，张爱玲还不叫“张爱玲”。叫张煐，英文名字Eileen。

天津的生活，至为富足。仰赖着祖上的富裕，他们过着的是一种处处可见优裕物质和阔绰排场痕迹的奢华生活。就如她的弟弟张子静后来的回忆：“那一年，我父亲二十六岁，男才女貌，风华正茂。有钱有闲，有儿有女，有司机；有好几个烧饭打杂的佣人，姊姊和我还都有专属的保姆。那时的日子，真是何等风光啊！”

在爱玲的记忆深处，这段日子亦是美好的、温情的。

那时，每天早上她都会被佣人抱到母亲的铜床上去，趴在方格子青锦被上，跟着母亲不知所云地背唐诗。经常显得不快乐的母亲，到最后常常会被逗乐。下午，则是她认字的时间，认会两个字就会得到两块爱吃的绿豆糕。

最为快乐的，是在后院的美好时光。不用背唐诗，不用认字，只随着小孩子的心性自由自在地玩耍着。或在秋千上放飞一段无忧无虑的快乐时光；或穿着白底小红桃短纱衫，大红裤子，坐在一张放在阴凉中的小板凳上，喝着满满一碗祛暑的淡绿色“六一散”；或看一本谜语书；或唱几首童真的歌谣。

陪着她在后院度过如此美好时光的丫环，是个高大的人儿。她清楚地记得她的额上有一个疤。她亲切地唤她作“疤丫丫”。这是她记忆里，带着暖意的可爱人儿。另外，还有一个她唤作“毛物”的佣人。

那时，在院子的天井的一角架着个青石砧。“毛物”便经常用毛笔蘸水在那上面练习写字。“毛物”长得清秀瘦小，却是个通文墨、心怀大志的人。爱玲非常喜欢他，因为他常常讲精彩的《三国演义》给自己听。在《私语》中，爱玲明确地写道：“我喜欢他，替他取了一个莫名其妙的名字叫‘毛物’。”

“毛物”的妻子，因此被她唤作“毛物新娘子”，简称“毛娘”。生着红扑扑鹅蛋脸、水眼睛的毛娘，在她看来一肚子的“孟丽君女扮男装中状元”，是个非常可爱然而心计很深的女人。然而，因为“毛物”的缘故，小小年纪还不知世事的她并不反感她。在她心底深处，只知道他们是可爱的一家。又因他们是南京人，乃至于多年后，她都对“南京的小户人家有着一种与事实不符的明丽丰足的感觉”。

后来，他们一家脱离了爱玲家，独自开了个杂货铺子。女佣们便经常领了她和弟弟去照顾他们的生意，努力地买几只劣质的彩花热水瓶，在店堂楼上吃茶和玻璃罐里的糖果。而这些，在爱玲的记忆里，便有了一种丰足的感觉常存。并且，经久深刻。

这样无忧的日子，真是美好惬意呀！正如她后来写下的句子“橙红色的岁月”那般，散发着的是让人倍觉温暖的浓浓质感。

多年后，即便心满溢了苍凉的爱玲，仍温情地在自己的《私语》中如是细微地将这些记忆写下：

第一个家在天津。……

有一本萧伯纳的戏：《心碎的屋》，是我父亲当初买的。空白上留有他的英文题识：

天津，华北。

一九二六。三十二号路六十一号。

提摩太·C·张。

我向来觉得在书上郑重地留下姓氏，注明年月，地址，是近于啰唆无聊，但是新近发现这本书上的几行字，却很喜欢，因为有一种春日迟迟的空气，像我们在天津的家。

院子里有个秋千架，一个高大的丫头，额上有个疤，因而被我唤作"疤丫丫"的，某次荡秋千荡到最高处，忽地翻了过去。……

天井的一角架着个青石砧，有个通文墨，胸怀大志的男底下人时常用毛笔蘸了水在那上面练习写大字。……替他取了个莫名其妙的名字叫"毛物"。

……

我知道，这时期的爱玲，是一个讨人欢心的千灵百巧的可爱小女孩。住在天津的老宅子里，因还无识世间炎凉，而乖巧灵秀。我亦喜欢这时期的爱玲，是如此的温暖凝静，如此的无忧无虑。

能一直如此，多好。

2

天津的老宅子，一砖、一瓦、一木、一梁间，着实都蕴藏在她心深处。那些透着旧而腻的贵气，那些为簪缨之族涂抹了殷实的“橙红”底色，在在都入了她的心，她的骨骼。

于是乎，那些人，那些事，在经年后，久久地让她记忆丰满、富足。好的，坏的，都如是。

由此，她涓涓地写下一篇情意绵延的《私语》，将这些过往记述。

由是，我们看到了，领她的佣人“何干”，领弟弟的“张干”，以及不争气、多病的弟弟和小小的却敏感的她。他们，在历史的回音里，周旋、回走。

“用手去揪她颈项上松软的皮——她年纪逐渐大起来，颈上的皮逐渐下垂；探手到她颔下，渐渐有不同的感觉了”。“小时候我脾气很坏，不耐烦起来便抓得她满脸的血痕”。这是她回忆里，对待照看自己的“何干”的场景。

毕竟是大家小姐，被娇惯得有些任性、乖张。

我看到这样的片段，无法体会是什么样的滋味。不过，有一点，我可以肯定的是——她所有的异于外人的性情，都是为着锻造一个日后的当代文坛上独一无二的人。

对于照看弟弟的“张干”，她亦不客气得很。张干，裹着小脚，伶俐要强，处处占先，因为带的是个男孩。而带着自己的何干，从心底觉得虚，便凡事都让着她。

敏感若她，有着浓重重男轻女论调的张干，使她早早地就想到了男女平等的问题。在暗暗督导自己“要锐意图强，务必要胜过我弟弟”的同时，常常和张干展开激烈的争战。她自是脾气暴烈，常常把张干气得七窍生烟。某一次，张干气急败坏地说道：“你这个脾气只好住独家村！希望你将来嫁得远远的——弟弟也不要你回来！”她仿似能够从抓筷子的手指的位置上预知她将来的命运，并且如是说过：“筷子抓得近，嫁得远。”

而那时的爱玲，确也真的抓筷子抓得很近。

不知，是否中了张干的“咒语”，还是其他，成年后的爱玲也真的嫁得很远、很远，远到了大洋彼岸。而且，终生和弟弟张子静“疏离”着。

在爱玲的记忆里，“我弟弟生得很美丽，我一点也不。从小我们家里谁都惋惜着，因为那样的小嘴、大眼睛与长睫毛，生在男孩子的脸上，简直是白糟蹋了。”（张爱玲《童言无忌》）

记忆里，他们是彼此的玩伴。他们经常一起高高兴兴做游戏，分别扮演《金家庄》能征惯战的两员骁将，一个唤作月红，一个唤作杏红。爱玲擎着一把宝剑，子静端着两只铜锤。永远是黄昏时分，他们趁着月色翻过山头去攻打蛮人。路上偶尔杀两头老虎，劫得老虎蛋（巴斗大的锦毛球，剖开来像白煮鸡蛋，可是蛋黄是圆的）……常常弟弟不服姐姐的调派，因而争吵起来，弟弟是“既不能命，又不受令”，无奈她因爱怜弟弟的秀美可爱，只好让着他，给他个编故事的机会，往往没等他说完，她就已经笑倒了，在他腮上忍不住吻了一下。

依稀仿佛，我听到了那亢奋的稚嫩的呐喊声，在橙色的夕阳下回旋。

这久远的散发着桃花儿馨香的童年记忆，暗揣着爱玲对弟弟子静的喜欢。他的秀美，他的笨拙，在还不谙世事的爱玲的心里，是如此的美好、如此的有趣。

然而，随着时光的推移，随着她的长大成人，随着子静碌碌无为“虚弱无奈”度日子的无所欲求，让爱玲记起了他的没骨气来。于是，经年后，她在自己的《私语》里，如是写道：“我弟弟实在不争气，因为多病，必须扣着吃，因此非常的馋，看见人嘴里动着便叫人张开嘴让他看看嘴里可有什么。病在床上，闹着要吃松子糖——松子仁舂成粉，掺入冰糖屑——人们把糖里加了黄连汁……他吮着拳头，哭得更惨了。”

我想，有了这样记忆的爱玲，应该是对这个自小喜欢的弟弟有一种深深的失望吧。

生命里，爱有多种。“怒其不争”，亦是一种。

像爱玲这般。

3

早慧的爱玲，是至为敏感的。

随着年龄的渐长，她竟从那时岁月里看出了“悲凉”的端倪，并且有了深刻的自我辨识，及深的“伤感”。

为了把她培养成“兰心蕙质”的名门闺秀，父亲张志沂专门为她请了个私塾先生。于是，她无忧的童年生活，便被埋没在一天到晚摇头晃脑背书的一成不变中了。

慢慢地，她生了倦怠之心。而后，在背不出书的时候，并生了深的厌倦。

而让她记忆深刻的厌倦，是那一年的一个未赶上迎接的新年。

——为了用功背书，在除夕夜她还在熬夜背诵。照顾她的佣人看她熬夜辛苦，便没有按照她的嘱咐早早喊她起来迎新年。因而，在第二天她醒来的时候，鞭炮早已经放过了。由是，这样的错过，让她生了最早的“伤感”和“悲凉”之心。

她，原是这般的爱热闹，这般的爱完满。

这样的错过，亦让她一辈子记忆于心头。你看，在多年后，她在满溢着记忆的《私语》中，还如是伤感地写下这样的句子:“我觉得一切的繁华都已经成了过去，我没有份了，躺在床上哭了又哭，不肯起来，最后被拉了起来，坐在小藤椅上，人家替我穿上新鞋的时候，还是哭——即使穿上新鞋也赶不上了。”

爱玲的伤感，还体现在某种大人似的感官上。她言：“小时候常常梦见吃云片糕，吃着吃着，薄薄的糕变成了纸，除了涩，还感到一种难堪的怅惘。”

还有，某次张干买了个柿子，因为太生，就先收放在抽屉里了。隔两天，她就去开抽屉看看，并渐渐疑心张干是否忘了它的存在。然而由于一种奇异的自尊心，又憋着性子不去问她。日子久了，柿子烂成一泡水。她觉得是这样的惋惜，以至于在写回忆录《私语》时，还在惋惜着。

我知道，不能再有“松子糖装在金耳的小花瓷罐里。旁边有黄红的蟠桃式瓷缸，里面是痱子粉。下午的阳光照到那磨白了的旧梳妆台上”的温暖感受的爱玲，之所以渐渐觉得世间“荒凉”，生了美好事物虚无、握不到手心的怅惘心思的爱玲，跟父亲有着至深的干系。——那终日烟雾不散的烟榻与烟灯，那郁郁不得志醉生梦死的过活，那旧式的腐败与挥霍……在在都入了小小的敏感的爱玲的心。

她总是在半明半昧的午后，站在父亲的烟榻下，嗫嚅着小声提出自己的要求。而父亲，则多是半睡半醒地爱答不理地回着她。那刻，她便觉到——进父亲的房间，好似游了一回太虚幻境，再出来时，恍如隔世。

也难怪了，她记忆里的童年就有了“有阳光的地方让人瞌睡，阴暗的地方有古墓的清凉”这样悲凉的感受。

话说，这样的童年确实阴郁，若旧上海的阁子楼，偶尔有阳光照进来，也被灰尘遮挡得细碎而灰暗。

然而，她这童年并非畸形。种种悲凉、怅惘，皆不过来自她敏感的心性。

亦未尝不好。她后来的写作的灵感妙想，也多源自她当时敏感的心性。

母亲·鸢尾女子

1

母亲黄逸梵，在爱玲波折的一生中，始终若鸢尾一般蛊惑着她。

黄逸梵，端的是美。

她，敏感优雅，身材窈窕，体态轻盈，高鼻深目，薄薄嘴唇。像个外国人，似拉丁民族的那种。可能有南洋混合血统的缘故吧，她头发不黑，肤色不白，浑身散发出一种罗曼蒂克的气质。

同时，她是个新潮时尚的女性，极其爱美，虽然缠着不相称的小脚。

作家安意如在写到她的时候，看到窗外有一树的桃花映入。于是，便甚觉她是那《诗经》里说的“桃之夭夭，灼灼其华”的女子。是美得让人忍不住悸动，并生有一种崔护看见桃树下女子时的“人面桃花相映红”的悸动惊艳之心。

这样的女子，姑且不说她是爱玲的母亲。单单因为这样的美，便入了爱玲那爱一切美丽灿烂物事的心了。

很小很小的时候，她便成诱惑，如同盛放在幽暗角落里馨香馥郁的大朵鸢尾花，幽幽淡淡间散发着蛊惑的气息，氤氲在爱玲的头顶处。那时，她总是乖巧地坐在母亲房间的一隅，仰着脸看漂亮的母亲梳妆，并表露出万分羡慕的样子。有时，她也会绕在母亲身边，踮着脚，努力地想把每一个精致的小盒子打开。母亲每每戴上那对闪着小钻的耳坠，头发梳成美丽的 S 形时，她都会突然地趴到母亲怀里，把小小的脑袋深深地埋进去。她，觉得母亲是这样的美！

拥有这样情怀的她，大约三岁的样子。

不过，母亲那张精致的脸，那股冷傲的神情，却在那时就镌刻于她小小的骨骼里去了。多年后，我们看到了一个被著名华裔女作家於梨华形容的爱玲："她穿一件暗灰薄呢窄裙洋装，长颈上系了条红丝巾，可不是胡乱搭在那里，而是巧妙地协调衣服的色泽及颈子的细长。头发则微波式，及肩，由漆黑发夹随意绾住，托住长圆脸盘……我不认为她好看，但她的模样确是独一无二。"

我想，能如此"独一无二"出众着的爱玲，跟拥有独特审美的黄逸梵不无干系。说白了，没有黄逸梵，就没有张爱玲。她，流淌着她的血液。她们，骨血相连。一刻都不曾分离。

她的一举一动，都深深地影响着爱玲，且影响了一生。

虽然，爱玲认定自己不可能成为张恨水笔下那种"清清爽爽穿件蓝布罩衫，于罩衫下微微露出红绸旗袍，天真老实之中带点诱惑性"的女子，但是，拥有着江南水乡之秀美、天生爱打扮的母亲，却深刻地影响着她。她一生都喜欢做衣服，常常像母亲那样在"绿短袄上别上翡翠胸针"。

她亦甚觉母亲的"衣服是秋天的落叶的淡赭，肩上垂着淡赭的花球，永远有飘坠的姿势"。她是如此的迷恋着这姿势。

所以，在很小的时候她就暗下了决心："八岁我要梳爱司头，十岁我要穿高跟鞋，十六岁我可以吃粽子汤圆，吃一切难于消化的东西。"为了若母亲那般的美，为了若母亲那般的小资，为了也成一朵媚惑的鸢尾花，她已经等不及长大了。可是，越是性急，越觉得日子漫长、难挨。

母亲不以为意，对她的这渴望及迷恋。

她，依旧在装着玻璃窗的狭窄的小阳台上的一张小书桌前，精细地描涂着一张黑白照片。那时是夏天，天气阴霾幽暗。照片是她和爱玲的合照。她手拿着一支细瘦的黑铁管毛笔，在水彩画颜料盒里，轻轻蘸了她想要的颜色，然后将站在她身边的爱玲的嘴画成了薄薄的红唇。之后，将衣服染成了鲜艳的蓝色，一种介于阴冷和明亮之间的孔雀蓝。

自此，爱玲的一生竟然如此的被勾描开来。

2

我始终认为，爱玲和黄逸梵都是孤傲着的蓝色鸢尾花。

清冷而傲骨。

阴霾有雨的天气，我翻开一本花语的小册子，看到蓝色鸢尾的花语：代表着宿命中的游离和破碎的激情，精致的美丽，可是易碎且易逝。

爱玲的一生，且不必说。

翻阅黄逸梵的一生,是可清透地窥看到她那易碎、易逝的宿命。

1894 年，清末首任长江水师提督黄翼升不幸离世。他的儿子黄宗炎承袭爵位，奔赴广西出任盐道。未承想，黄宗炎赴任一年不到便染瘴气而亡故。这个将门之子，在有生之年时因原配无法生育而未能拥有子嗣。所幸，在他赴任前，家中长辈为他从长沙家乡买了个农村女子做妾，而此妾在他离开之前，有了身孕。

1896 年，那个妾在他过世不久后为他生下了一男一女的双胞胎。女孩便是张爱玲的母亲黄逸梵（本名黄素琼），男孩则是张爱玲的舅舅黄定柱。

宿命仿似在那时就已做了安排。

逸梵出生后便由大太太亲手抚育。因是大户人家的小姐，没能逃脱“裹小脚”的命运，接受着最残酷的豪门高墙内的桎梏般的礼数教导。生活在那个散发着陈旧腐朽气息的家中，如履薄冰。可以说，她的童年生活是寂冷的。

接下来是成婚。当年张志沂的家人托人来提亲时，她原是不答应的。但是，终无法拗过那个媒妁之言、父母之命的年代，而嫁与了同是豪门公子的张志沂。起初，门当户对，郎才女貌，倒也是段好姻缘。而且，他们也有过一段恩爱的日子。然而，随着时间的推移，张志沂慢慢显露出遗少的恶习。骨子里有着新式思维的她，渐渐不能忍受了，并自我滋生出一份清冷不被羁绊的凛冽个性。心底，亦渐渐地生出逃离的念头。并且，在一天比一天更甚地不能忍受张志沂的浪荡与颓唐中，逃离的念头，一天比一天地让她渴望。

诸如母性、妻性这样太陈旧的套数，已无法将她套住。她仿似天生就对这“人母”、“人妻”有着原始的抗体，并恰当地与之保持着距离，生怕这世俗的生活、生计的污水不经意间泼了一身般。

因此，在爱玲四岁的时候，她毅然决绝地离开了吸食鸦片、嫖妓、娶姨太太、无所作为的他，离开了那个终日氤氲着旧时苔藓味的腐朽的家，陪着远洋留学的小姑子去了国外。

外人看来，这样撇下一双儿女离开的她，是个清冷的女人，心性太过于坚硬。

然而，于我看来，不愿在青苔丛生的深院里霉锈了青春的她，是至为令人艳羡的。

1924年，时年将名字“黄素琼”改为“黄逸梵”的她，以监护人的名义伴着小姑子张茂渊留洋到英国。在前往英伦的客船上，她轻启朱唇，吐出“黄逸梵”三字时，她的人生就此开启了独属于她自己的孔雀蓝时代。

在伦敦，卷发的她，着一件及膝的蓝绿外套，开始学习油画。高鼻深目的她，混在一堆高鼻深目的外国人中间，并不觉突兀。

她亦学她爱着的歌唱。肺弱的她，哼唱起来竟像吟诗。她总是抱歉地笑，娇媚地解释，但是仍孜孜不倦地学着。

她是心存“文艺情怀”的优雅女子。

她，亦是社交上的高手。长相美艳，又有见识的她，如同鱼儿在水中般畅游在不同的社交场所。

而她踏着她的三寸金莲，将英伦的岁月，过得飞扬、放恣。曾经，她和胡适同桌打牌。她，希腊式的风情，使得她成了麻将桌上的尤物，一时所向披靡。曾经，她和小姑子联袂到瑞士的阿尔卑斯山滑雪，她这小脚的嫂子竟比大脚的小姑子滑得还要好。

只是，她虽远在他国，心，还是有柔软的部分留在了那个氤氲着苔藓味道的家中了。那一天，她收到了张志沂的一张小照，上面一首七绝：“才听津门金甲鸣，又闻塞上鼓鼙声。书生自愧拥书城，两字平安报与卿。”这蕴藉着相思之情的古体诗，让她的心悸动了。那“画眉深浅入时无”的新婚光景，便宛如在了眼前。

于是，回来。

可是，回来那个家依旧，那个男人依旧。她，彻底心灰意冷了。

1930年，她便做出了离婚的决定。

秋季，她再次为心插上翅膀，飞到法国。

这一次，感情上她再无牵无挂。这一次，她决意谋获一段想要的爱情。

很快，她认识了一位英俊挺拔的美国人，做皮件生意的。接着，他们相爱。接着，她变卖古董，筹资让他去新加坡做皮革生意。接着，新加坡被日本占领，他不幸被炸死。

这成了她心底刻骨铭心的痛。

可是，生活还得继续。于是，她独自苦撑，逃难到印度，并做了印度首任总理尼赫鲁两个姐姐的秘书。后来，她到了马来西亚侨校教了半年书。最后，还是回到了最初漂洋过海到达的城市伦敦，并在此定居。

1957年，始终漂泊在外的她于病痛中，孤独地死去。享年六十四岁。

而此时身在美国的张爱玲，苦于贫困，未能买起一张飞往伦敦的机票，去看她最后一眼。

我想，这些于她已不甚伤情了吧。在她孔雀蓝般质地的精神世界里，早已置这些于身外了吧。因为，在她血液里流淌着的，始终是那一抹神秘的不染人间烟火的清冽、纯净的孔雀蓝。

鸢尾一般。

3

我始终不知道该如何定位，爱玲和母亲黄逸梵之间的爱。

从来，我都觉那种爱是暧昧的，模糊不清的，无以辨认的。

但是，那日看了这样的句子——1957 年，张爱玲的母亲黄逸梵在英国去世，她的遗物远渡重洋运到张爱玲家中。爱玲看着那一口大木箱，始终不敢打开，她怕打开她和母亲的温暖记忆。于是，明白母亲黄逸梵在爱玲心中的重量了。

那种，生命不能承受之轻。

她虽然始终远在爱玲的世界外，但是，她却给过爱玲一段可以温暖一生的橙红色快乐时光。

那是一段“有狗，有花，有童话书，家里陡然添了许多蕴藉华美的亲戚朋友。我母亲和一个胖伯母并坐在钢琴凳上模仿一出电影里的恋爱表演，我坐在地上看着，大笑起来，在狼皮褥子上滚来滚去”的日子。

在国外学了十八般武艺的她，还开始教爱玲学画、学钢琴、学英文，为锻造一个时代的淑女努力着。

岁月，竟见了静好。

爱玲，亦开始显现出自己聪明早慧的一面，开启了她才女的历程。

然而，母亲和父亲之间的关系仍无法调和。争吵时在。最后，终于还是离婚了。

即便是离开了家，她仍是为着给她争取读书的权利而和张志沂争执不休。她，定是要她接受新式的教育。她，定是要她摆脱掉那“遗少式”的腐朽桎梏。最后，在她的努力下，母女两人手牵着手，偷偷地去了黄氏小学报了名。

看得出她是爱爱玲的。

不过，不是寻常母亲般那样的骨肉宠爱。

因此，她在某些事情上不给予她宠爱。比如，在爱玲逃家投奔她时，她竟对爱美又要读书的爱玲说出这样的话：“如果要早早嫁人的话，那就不必读书了，用学费来装扮自己；要继续读书，就没有余钱兼顾到衣装上。”

确也是人生至理——这世上端的无两全的世事，人是要学会抉择的。

此外，她还凌厉地告诉爱玲如何自立：“要读书，我虽可帮你拿学费，但总得你自己拿定主意。这一去，总没有回头路。前途是你自己的，不能事事都让我帮你安排，要争取要放弃，你自己要想清楚。”

回头看，这话虽不顺耳入心，却也锻造了一个独立自强的爱玲。多年后，无论顺境逆境里，爱玲总能刚烈地走过。

她又爱算经济上的账——“一直怀疑为女儿牺牲是否值得”，活得过于“清醒”。这，让敏感的爱玲察觉到了。

爱玲，便对她也冷冷的。后来，爱玲曾如是回忆过：“常常我一个人在公寓的屋顶阳台上转来转去。西班牙式的白墙在蓝天上割出断然的条与块。仰脸向着当头的烈日，我觉得我是赤裸裸地站在天底下了，被裁判着像一切的惶惑的未成年的人……这时候，母亲的家不复是柔和的了。”

可是，骨子深处却是眷爱的，她曾这么说过：“看得出我母亲是为我牺牲了许多”。而后来，在回忆录《私语》中，她还写下了这样眷念满满的句子：

“不久我母亲动身到法国去，我在学校里住读，她来看我，我没有任何惜别的表示，她也像是很高兴，事情可以这样光滑无痕迹地度过，一点麻烦也没有，可是我知道她在那里想：‘下一代的人，心真狠呀！’一直等她出了校门，我在校园里隔着高大的松杉远远望着那关闭了的红铁门，还是漠然，但渐渐地觉到这种情形下眼泪的需要，于是眼泪来了，在寒风中大声抽噎着，哭给自己看。”

如此，任谁都看出了爱玲对母亲的爱了。

在那一段日子里，她在留着母亲空气的姑姑家里，亦深觉得纤灵的七巧板桌子，有了轻柔的颜色。她，在用自我的方式思念着母亲。

我素来认为，靠文字吃饭，曾相恋、后离异、再远走异国，颠沛流离着却始终不曾被生活打倒的爱玲，所仰赖的便是被母亲黄逸梵锻造出来的种种能力，以及承袭下来的母亲黄逸梵身上那股子独立凛冽的如同鸢尾般的性格特质。

如是，没有母亲黄逸梵，便没有日后傲骨的爱玲。

不是吗？

父亲·旧时遗少

1

读爱玲的小说《心经》时，是个夜凉如水的晚上，蜷缩着，将暖气开到最足，却仍是感到深深的“疼痛”以及“毛骨悚然”的冷意。那清淡的笔调下，隐藏着热烈到惨烈的感情，而且还是一个女孩子和自己父亲相爱的感情，一再让我不能自已。

我不知道，该如何界定这样的情感。那文字中淡淡晕开来的全然都是不同寻常的悲喜，并且已经完全刻画到骨子里去了，且渐次于时光中渗透进骨髓。

不由得，想到了爱玲和她的父亲来。

爱玲，曾亲口说过，自己的小说，大多有所本。而这篇小说的原型，我便自作主张地认为是爱玲和父亲了。虽然，我的臆断主观了些；虽然，生之现实里，若小说中女主角许小寒那般激烈到惨烈的爱之情爱玲未曾有，但是，我清楚地知道，爱玲和许小寒一般的那种和父亲之间的骤冷骤燃、被阻滞了的爱是大相同的。

请，随我回转过头来，我们细数那些年里，他们之间的交集。即知。

在爱玲的童年里，父亲是个重的、满的成分。因为，四岁那年，母亲的离开，让她心底没了她的概念。她曾在《私语》中如是说道："最初的家里没有我母亲这个人，也不感到任何缺陷，因为她很早就不在那里了。”并且，她对她还产生了怨恨。

多年里，她始终记得母亲离开她时的情形——那天，船要开了，可是母亲不舍得离开，便一直伏在竹床上痛哭。佣人几次来催说已经到了时候了，她像是没听见，他们不敢开口了，于是把爱玲推上前去，教她说：“婶婶，时候不早了。”（爱玲算是过继给另一房的，所以称父母为叔叔婶婶）但是，伤心着的她也不理会爱玲，只是一个劲地痛哭。爱玲，就呆掉了，不晓得做什么好了。并且，觉晓了母亲抛弃了自己，心底就升腾起很深的退缩及沉默来。

多年后，这种内心退缩、沉默的性格，与她如影相随，不曾离开过。相对的，母亲离开的情形，也那样影在心底了。

而父亲，在那时虽有恶习，却是很疼爱她的。由此，父亲这个人便充满了她的童年世界。她，亦觉得没有母亲的家，跟父亲在一起的家，也是好的。

她自小就表现出一种勤奋好学的样子来。这深得父亲张志沂的喜爱。于是，饱读诗文的他便给她念诗、教她读书，耐心地给她很幼稚的作文做眉批、总批，并且还将这很幼稚的作文装订成册。

看得出，他对自己天赋斐然的女儿的珍爱。

而在爱玲的生命里，也因此有了一段对她而言弥足珍贵的父女俩并头谈书论文的温馨时光。

后来，爱玲的弟弟张子静在回忆姐姐的文章中亦给世人展现了这段温馨时光的入心画面：

> 我父亲看出这个女儿有创作的天分。我父亲虽有不良的嗜好，但也很爱看书。他的书房里有中国古典文学，也有西洋小说。姊姊在家的时候，没事就在书房里看书，也常和父亲谈一些读书的感想。父亲鼓励她做诗、写作；他那时也已看出这个女儿有文学创作的天分。姊姊在他指导之下，也真的写了一些旧诗。有几首父亲很满意的，亲友

来访他就拿出来给他们看。

还有一次寒假，她仿照当时报纸副刊的形式，自己裁纸和写作，编写了一张以我家的一些杂事作内容的副刊，还配上了一些插图。我父亲看了很高兴，有亲戚朋友来就拿给他们看。“这是小煐做的报纸副刊。”他得意地说。亲戚朋友当然也夸奖了姊姊的创作才华。

关于这样的温馨，我不再言说太多。亦写过爱玲生平过往的安意如觉得，“没有张志沂也就没有爱玲的文才惊世”；认为“他为她打下的文学根基，与黄逸梵赋予她的个性一样，皆惠泽了爱玲的一生”。

那些年里，他像所有希望“女儿成凤”的父亲一般，带领着小小女儿在知识的海洋里畅游；亦像所有为“天赋斐然的女儿”骄傲的父亲一般，将小小爱玲如影子般地带领在身边，以示夸耀。

彼时，他亦是个将女儿视为珍宝，珍爱、疼惜着的好父亲。

他，带她去咖啡馆、去夜总会、去吃高级甜点，甚而还带她到妓院（让她坐在妓院的客厅里，找个女人陪伴着）。

这样的疼爱。

这样的相依。

便让爱玲，即使没了母亲的陪伴，也很享受这种和父亲在一起的日子了。而爱玲对于这样的父亲，渐也产生了一种依赖的感情。在她的生命里，父亲是她爱的所有寄托，亦是生之支柱。

由我看来，隐藏在爱玲心底的似许小寒那般的恋父情结，亦是自那个时期延绵而来的。

2

由爱生恨。这是爱情上的道理。

对于有着如同深海般恋父情结的爱玲而言，对父亲因爱而产生了恨意自是可理解的。

最初的恨意，来自父亲的再娶。

那年，在天津混得声名狼藉的父亲，痛定思痛下，给远在英伦的母亲写了封悔改的信，承诺戒毒、发誓不再娶妾。为了开始新生活，他亦带着一家老小从天津搬回了上海。

彼时，1928 年。爱玲八岁。

念旧情的母亲黄逸梵，随即飞回来了。

他们一家，又搬回到宝隆花园的一所欧式洋房。多慧、贵气、美丽的母亲，带来了散发着阳光味道的音乐、绘画、戏剧。这让爱玲深深产生了“有狗，有花，有童话书……家里的一切都认为是美的顶巅。竟连不甚谐和的蓝椅套配着旧的玫瑰红地毯，也让她联想到英格兰下的浪漫——蓝天下的小红房子，法兰西青色的微雨”的美好意象。

母亲将父亲送到医院戒毒后，就开始让人装饰爱玲和弟弟的房间。卧室的墙壁，就按着她的意愿漆成了“橙红色”。“橙红色”，是她所爱的颜色。她觉得，这颜色至为温暖，竟然在自己作画时也刻意地将这种颜色作为背景色。

这是段被她称为橙红色岁月的好时光。

她，如此的满足及迷恋着。

然而，不争气的父亲，终还是因为禁不起诱惑以及自私，将这份美好打碎。

他又抽起了鸦片，不仅如此，他还愚蠢地“压榨”妻子黄逸梵的钱。以为这样将黄逸梵的钱逼光的话，她就想走也走不掉了。然而，受过西方教育的黄逸梵，自是不会吃他这套，而与他据理力争。

争吵，便成了家常便饭。

最后，黄逸梵厌倦了这种无休止的争吵，决然地跟他离了婚。

清冷地面对了这一切的小小的爱玲，对家庭竟有了疏离感。

母亲离去后，父亲很快决定再娶。

知晓这消息后的爱玲，突生了嫉恨意，她如是写道：“姑姑把父亲要再娶的消息告诉我，当时是在一个小阳台上，当我听到这个消息的时候，我就觉得如果我的这个继母就在我的眼前，我就会把她从这个阳台上推下去，让她摔死掉。”

这样的嫉恨，并不全然替母亲黄逸梵而生。实际上，是觉得那个“继母”生生抢走了曾与自己相依的父亲。

她获得父母的温情本就稀薄。如此，这样一个不相干的人再加入，她便更没有温情可获得了。只是，大人的事情，怎是她一个几岁的孩子可以阻拦得了的。父亲再娶，最后还是成了改不掉的事实。

随着继母的到来，她渐让自己长成了一株病态的水仙花。有着自恋、自卑、自爱、自私的病态性格。而随着这种病态的加重，她和父亲间的那份默契融洽的感情，也到了分道扬镳的地步。也就是一瞬间的事儿，如同一只曾经精美的瓷瓶，被摔碎在地，光弧划过，碎片飞溅。

对父亲的恨意，也在埋怨他娶一个不相干的女人中滋生了。

她将父亲的世界化为这般："有我父亲的家，那里什么我都看不起，鸦片，教我弟弟做《汉高祖论》的老先生，章回小说，懒洋洋灰扑扑地活下去。像拜火教的波斯人，我把世界强行分作两半，光明与黑暗，善与恶，神与魔。属于我父亲这一边的必定是不好的……"

她决定再度搬家到她出生的那所老洋房里，浮动着的空气是模糊的，游荡着的气息是凄凉的。她说，有太阳的地方使人瞌睡，阴暗的地方有古墓的清凉。这片之前就没有任何记忆的老房子，现今对她亦没有任何美好记忆可言的老房子，是一个奇异世界。她不喜欢这个地方，实在不喜欢得很。甚而，她变得恍惚，生出不知身在何处的感觉。

接下来，就是那件让她一生耻辱、对父亲恨意更深的事情了。因为恨意颇深的缘故，她亦曾在《私语》中不惜笔墨地将那一场景还原、呈现：

> 沪战发生，我的事（留学的事情）暂且搁下了。因为我们家邻近苏州河，夜间听见炮声不能入睡，所以到我母亲处住了两个礼拜。回来那天，我继母问我："怎么你走了也不在我跟前说一声？"我说我向父亲说过了。她说：

“噢，对父亲说了！你眼睛里哪儿还有我呢？”她刷地打了我一个嘴巴，我本能地要还手，被两个老妈子赶过来拉住了。我继母一路锐叫着奔上楼去：“她打我！她打我！”在这一刹那间，一切都变得非常明晰，下着百叶窗的暗沉沉的餐室，饭已经开上桌子，没有金鱼的金鱼缸，白瓷缸上细细描出橙红的鱼藻。我父亲蹬着拖鞋，啪达啪达冲下楼来，揪住我，拳足交加，吼道：“你还打人！你打人我就打你！今天非打死你不可！”我觉得我的头偏到这一边，又偏到那一边，无数次，耳朵也震聋了。我坐在地上，躺在地下了，他还揪住我的头发一阵踢。终于被人拉开。我心里一直很清楚，记起我母亲的话：“万一他打你，不要还手，不然，说出去总是你的错。”所以也没有想抵抗。他上楼去了，我立起来走到浴室里照镜子，看我身上的伤，脸上的红指印，预备立刻报巡捕房去。走到大门口，被看门的巡警拦住了说：“门锁着呢，钥匙在老爷那儿。”我试着撒泼，叫闹踢门，企图引起铁门外岗警的注意，但是不行，撒泼不是容易的事。我回到家里来，我父亲又炸了，把一只大花瓶向我头上掷来，稍微歪了一歪，飞了一房的碎瓷。他走了之后，何干向我哭，说：“你怎么会弄到这样的呢？”我这时候才觉得满腔冤屈，气涌如山地哭起来，抱着她哭了许久。然而她心里是怪我的，因为爱惜我，她替我胆小，怕我得罪了父亲，要苦一辈子；恐惧使她变得冷而硬。我独自在楼下的一间空房里哭了一整天，晚上就在红木炕床上睡了。

第二天，我姑姑来说情，我继母一见她便冷笑：“是来捉鸦片的么？”不等她开口我父亲便从烟铺上跳起来劈头打去，把姑姑也打伤了，进了医院，没有去报捕房，因为太丢我们家的面子。

我父亲扬言说要用手枪打死我。我暂时被监禁在空房里，我生在里面的这座房屋忽然变成生疏的了，像月光底下的，黑影中现出青白的粉墙，片面的，癫狂的。

这一监禁，就是半年之久！

这一监禁，就此成了心底可怕的梦魇！

这一监禁，仇恨的种子自此深种，终生无以根除！

恨。

那种夹杂着痛彻心扉的恨。

就此，在她心底缠绕、盘旋，一生都未曾离弃掉。

而她和父亲间，那一丝原本就稀薄的亲情，也就此消失殆尽。

他们，成了世间最令人倍觉苍凉的宿敌！

3

素来，对于父亲张志沂，世人看到的皆是爱玲深深的怨与恨。

但是，我知道，事实倒不全然如此。

她和父亲之间，实则如那佛界里的《般若波罗蜜多心经》一般，是那难念的心经。

在她内心深处，她自是爱着他的。只是，这爱爱得深且隐晦。我前面说过，对于父亲，她是“因爱而生的恨”。正因为爱，所以恨才那么深，深到一辈子成心结，无以排遣、无以遗忘。

再说回张志沂。他身上虽然全是些世家子弟的遗风古韵，读古、赋诗、阅词，但明月清风亦是懂不少。他为爱玲的小说《摩登红楼梦》拟颇见功底的六条回目；对爱玲写出的七绝诗中的“声如羯鼓催花发，带雨莲看第一枝”两句，他亦给予她赏赞及鼓励。

对于这个早慧的女儿，他是很感骄傲的。在心情好的时候，亦娇宠着教她读文阅诗的，时不时还一起评析先生给爱玲眉批圈点过的作文和诗词。只是，陈腐的旧时思维方式，使得他对爱玲的栽培有着限度。就如安意如说的那般：“这大约是张氏一族的家风——与钱财上的精明和糊涂矛盾地并存。”这就让他认为让爱玲认字读书已是恩赐，请了私塾先生给她已足够，至于新式的学堂自是没有去的必要了。

他，这旧时的、没落的世族公子哥，就是这般地被旧时思想禁锢着。旧时的“女子无才便是德”的至理，在他那里充分挥发、弥散着。而且，爱玲母亲的优秀、超前，让他惧怕、自卑。他觉得自己无法将神似黄逸梵的爱玲掌控在手心，他惧怕爱玲会和她的母亲一样一去不回；他亦深觉自己养育多年的女儿在轻易间将自己背叛而心系于母亲，他于自卑中愤怒着，于是，放出这样的狠话：“如果你和你母亲一样的话，便打断你的腿。”

这样的他，还真是迂腐得很。在爱情男女中，尚没有谁能羁绊住变了的心，何况这父女之情呢！

这样的男子，不独寂寞，亦是可怜的。

为了排遣失落、失衡，以及失去，终日沉迷在烟榻上，鸦片烟云雾缭绕间，是他不愿清醒的隐晦着的真心意。

对于这样的父亲，一向“做事果敢利落不留余地，亲情友情说断就断”的爱玲，却是深爱的。看她于《心经》中的描述，即可感应到。亦爱恋着爱玲的上海籍女作家淳子亦有篇分析爱玲的文章。她一层层地揭开爱玲对父亲的这份情愫，句句情真意切，入心坎，人皆惊然。但是，道理至真，且合乎情理得紧。

对于父亲，她是因爱而生恨的。

她恨他娶了分享他爱的继母，她恨他为了继母而打了、拘禁了自己。她亦恨自己不能若女子质问情郎般质问他情感的迁徙。世俗的桎梏，是道枷锁，让她的对他的爱成了最隐晦、最难言的那种。如同苦酒，亦如同毒药。饮之，便伤及味感及生命。

于是，在恨中，有了深的伤口，心亦生了深的委屈。

并将这些耿耿于怀。

多年里，她不断地将其涂抹在自己用以疗伤的文字里。第一次，她在英文报上用英文写了一篇《这是什么样的家庭》；第二次，在自己的自传体散文《私语》中予以描述；第三次，在自己的小说《半生缘》中进行演绎；第四次，已是70年代，她于小说《同学少年都不贱》中，再次描述。

她这样的耿耿于怀。成了心经，且无法遗忘。

她忘不了他们一起在天津那栋陈旧而华丽的老房子里相依相

伴的美好情景；她忘不了他们一起在童话般的上海祖屋里评书论文的朱红岁月；她亦忘不了他曾经是与她最亲近的男人的事实。有人曾这么说过，女孩如果没有和别的男人的情感交集过，那么，与她最先亲近的男人往往就会直入心底且不可磨灭！

对于生命里时常缺失了母亲的爱玲而言，父亲于爱玲便是这般。

所以，即便恨着父亲，在离开上海的前一天晚上，当好友炎樱问起她最怀念上海的什么时，她脱口而出的是飞达咖啡馆的香肠卷！那是父亲常带她去过的地方，那是父亲爱吃的东西。而不是和姑姑住了很久很久的公寓，亦不是和胡兰成散步的静安寺公园。

而在暮年的某一日，忽然翻看旧书，看到父亲的英文体的字迹，刹那之间她就有一种春日迟迟，温暖沉重的感觉。亦说明，父亲早已经久地存在在她的心底深处了。

事实上，她还从现实的婚姻中寻找父亲的影子，如同一种感情的寄托。她一生爱上的，都是比自己年长的男子。胡兰成，大她十五岁；赖雅，大她三十六岁。核算这样的年龄差距时，我不禁要问，她到底爱上的是某个男人，还是某一种情感？

就如《心经》中，小寒眷恋着父亲，对童年的留恋，对母亲的嫉妒、排斥、冷漠，种种情结早已超越了一般意义上的眷恋。这是变态的情感，亦是乱伦的情感。爱玲，深知这种情感在现实中无以实现，于是，她以一种“光华耀目的自毁”形式让它在现实中变相实现。一次，嫁给风流薄性的胡兰成；一次，嫁给穷酸命短的赖雅。

只是，这样的嫁诸情感的方式，带给她的最终是千疮百孔的伤害！

如此，不得不让人为她心下恻然。

继母·黑暗的刺

1

继母在爱玲的一生中，始终是一枚隐在黑暗里的肉中刺，红肿肿的碍眼的一小块，冷冷地在多年的岁月中刺痛着她。

对她，最初的最初，爱玲就生出本能原始的恨意来了。

1934年，张志沂迎娶她。当姑姑告诉爱玲的刹那，站在夏夜小阳台上的爱玲就哭了起来。

在爱玲的心中，她是个不折不扣的“母夜叉”似的恶毒女人。

她，给爱玲穿她穿剩的衣服。

这让宣称“八岁我要梳爱司头，十岁我要穿高跟鞋，十六岁我可以吃粽子汤圆，吃一切难于消化的东西”的爱美、物质的爱玲，身心、自尊都受伤。所以，隔了五十年的月亮，在自己的《对照记》中，她还耿耿于怀地记录下这份伤害：“有一个时期在继母统治下生活着，拣她穿剩的衣服穿。永远不能忘记一件暗红的薄棉袍，碎牛肉的颜色，穿不完地穿着，都像浑身生了冻疮；冬天已经过去了，还留着冻疮的疤——是那样地憎恶与羞耻。”

她，将自己的父亲抢走。

自她嫁过来之后，父亲是对她言听计从。她，不知施展了什么妖精之风，让父亲如此。他们一起躺在烟榻上，吞云吐雾地消磨着让人窒息的时光。他们，志同道合地相亲相爱着。这大大地刺激了爱玲，她有了一种深深的被剥夺感，觉得父亲已不属于自己，而只属于她。

这，怎能不让有着严重恋父情结的爱玲，对她生出深深的恨意呢！

她，虐待自己的弟弟。

对于生来就傲骨的爱玲，继母孙用蕃是轻易不敢欺负的。但是，软柿子般的弟弟张子静却不同。于是，为提升自己继母的地位，她以走“严母”路线，用“棍棒底下出孝子”的谬论，挑拨父亲教训弟弟。这大大地刺激了爱玲那颗敏感的心，两个人之间的裂痕也不可避免地产生了。很长一段时间里，她们相互敷衍着彼此。

但是，爱玲清楚地知道，她和继母之间的芥蒂，早已像一只不断充气的皮球，暗暗地，沉静地待在那里。

只等待某一天的爆发。

这一天终将来到。火山喷发般的，势将一切亲情牵系都燎成灰烬。

2

因爱着爱玲的缘故，我对这个狠心的女人有了八卦之心。追根溯源地搜查着她的过往种种，却发现她原也是个可怜的人。

她，有她的缺失，亦有她的伤痛。她的缺失，源于她的爱情。

年轻貌美如花时，她爱上了穷困的表哥。私下里，两人定下了相爱的关系。但是，这样的爱，自是无法获得家大业大声名亦赫赫的孙家的容许。她原本是曾经两度出任民国总理的孙宝琦家的七小姐。而孙宝琦，当年是出了名的治国治家均清廉严正的，又怎会让她如此自主地和表哥相爱呢！

她亦是痴情女子，便和表哥相约一起服毒殉情。然而，那个男子却是薄性寡情之人，中途反悔。活下来的她，变成了一个天大的笑话，带着背叛和耻辱，缺失和遗憾，存活在这个无爱的世上。心被伤了，情亦被伤。她成了一个被孤立的疼痛着的边缘人。

不久，为排遣这伤痛，她染上了阿芙蓉癖（吸食鸦片）。自此后，一刻都无法再离开那一席烟榻带给她的温暖。

她是打定主意，这今后的人生只和烟榻相伴了。什么情人、什么归宿，统统都远在她的世界之外，与她无丝毫干系。她安心地在娘家做一个失宠而难堪的老姑娘。

活在如此缺失中的她，久而久之成了个不见天日、身心不健康的人。

三十六岁了，还未曾有男人敢上前过问。

直到那一年，经大哥孙用时介绍，在张家门庭冷落的时候嫁给了张志沂，她才结束了那段暗无天日的待嫁岁月。

只是，这嫁却让她有委屈，亦生了伤痛的。

和张志沂新婚燕尔那晚，她还对着看新娘的人泰然地说道：“我说没什么好看，老都老了。”现出心安理得的神气来，谁知，只一眨眼的工夫，她便看到了这处新生活中的内里——那是一个团结得紧密得插针都不入的爱的小集团，轴心是丈夫的前妻黄逸梵，围着她团团转的，是已经成为自己亲人的人。首先是丈夫，他还爱着黄逸梵，离婚了，却特意搬到黄逸梵娘家住的弄堂里，“还痴心地指望着再碰见她”，别人会“替他们拉拢劝和”；其次是小姑子张茂渊，她跟黄逸梵可谓亲密无间形影不离，就连亲戚间都纷纷议论她们是“同性恋”；更甚是她名义上的女儿张爱玲，吃穿住行都是用的她那里的钱，却一颗心老拴不住地整日整夜地往她母亲那里转。

看着这些，她的心底，如同打翻了五味坛，那滋味说不出的难堪及难受。

于是乎，黄逸梵成了她挥之不去的梦魇。她觉得黄逸梵似一座巨山，将她再次压到一种暗无天日的阴影下。于是，心底生出一份浓如滚烫的熔岩的嫉恨来，并且在她五脏六腑里难挨地翻滚着，让她随时随刻都欲将它们释放。

她，是曾受伤害跌入过深渊的人，所以，再不允许生命里的这些伤痛重演。于是，她开始霸道地维护起她作为张家女主人的地位来。如同一只受伤的老母狼，红着双眼，誓要把一切威胁挡在她的领土之外。

于是，便有了她狠狠地给爱玲的那一记耳光。实际上，她打的不单独是爱玲这个人。在那一刹那，她打的是黄逸梵，她恨她如同鬼魅般的魔力在这屋子里她的领土上——阴魂不散；她打的是早年间的那个表哥，她恨他的背信弃义，如若没有他和自己的那段，她自不必承受那不堪回首的岁月；她打的亦是自己，她痛恨自己身为名门闺秀，在锦绣丛中长大，却为了一段不值得的情和人而落得如此境地。

这一记耳光，她等了好久。三年，一千多个日夜呀！她空对着自己那浓郁的嫉恨，无计可施。如今，终于翻转手腕将其释放。只是，这一记耳光之后，她便成了万恶的“母夜叉”式的继母留存在爱玲的文字里。

从此，转头走掉的爱玲，将她这个人从心底抹去，只留余恨至死方休。

3

春日迟迟，女心伤悲，她到底也是个心有委屈的好女子。

能于乱世中，陪着张志沂，一路终老。这份坚定，真是不易。这点，对她恨意难消的爱玲是无法深懂的。

隔着几十年的光阴，我这个局外人，是可清晰地看到她的委屈的。看到她拎着一颗心，提着胆子行走在那时的上海滩。心不由得为她生出些许同情来，虽然我是那样挚爱着爱玲。但是，再“爱屋及乌”的心理，仍还是抵御不了对她的委屈的同情。

她，因为庶出，又因吸食鸦片，更因那段无法回味的令人耻笑的爱情，在娘家苦挨着暗黑的天日，三十六岁了，才做了张家的填房，而且还做了两个孩子的后妈。这，让身为名门孙宝琦家七小姐的她，情何以堪。

或者说，即便她想婉从，也不是那般随人心意的。

因为，她遇到了张爱玲这个从记事起就得不到母爱、脾气又有些古怪的孩子。

从最初的最初，爱玲对于她的到来就充满了排斥。再加上，爱玲本就是一个亲情缺失的冷人儿，对人、对物都看不出甚好坏来。所以，她初次面对爱玲就感应到爱玲对她的敌意了。

但是，千帆过尽，她是如此眷爱这份来之不易的新生活。虽然嫁给的是家世不如自己还带着两个孩子的张志沂这个没落王孙，但是，受尽了“老姑娘”的苦处的她，亦是十分珍惜这份新生活带来的幸福。所以，即便若蜉蝣般婉从着，也是要想尽办法来攥紧这份幸福的。

因而，她初到张家，便刻意地忽略爱玲的敌意，想要跟爱玲搞好关系。

她专门找人将两箱子年轻时穿的好布料的衣服，从娘家带来送给爱玲作为见面礼物。只可惜，她忘了爱玲的身份家世了。他们张家再是没落，爱玲仍还是那个流淌着清高贵族血液的正牌千金小姐，再加上洋派母亲的熏陶，她怎会看得上那两箱子旧衣衫呢？更何况那时的爱玲——她那么的爱美，在九岁时，都拿着自己的稿费去买口红了。

曾经，爱玲对姑姑抱怨道：“如何就轮到我被周济了？”

她爱玲，可是有着不食嗟来之食之傲骨的清高女子。

只是，傲骨即便大于山，终无法逃脱穿继母旧衣的命运。如此，穿着继母旧衣的爱玲，便生出一辈子都无法忘记的难堪及羞耻之心。要知道，那时她所上的圣玛利亚女校是上海最好的贵族学校之一，是为培养中国式西洋淑女而“缔造”的，校园里行走着的全都是打扮入时的天之骄女。而唯独她，穿着继母那过了时、样子老旧、颜色灰暗的衣衫，躲闪着亟亟溜过。爱美的那颗心，被伤得生疼、流血。

我看过一张她那时和姑姑在阳台上的合影——苍白木讷了无生趣，看起来竟然比姑姑还要老。身上穿的正是那件被她形容为“碎牛肉颜色”的薄棉袍。

这伤害，我想，任谁都会用一辈子的时间去忘记的。

所以，对于“赠”她旧衣的继母，爱玲的怨恨是一辈子都无法消减的。

后来，买了无数鲜艳却几乎不可能穿出去的衣衫的爱玲，将此作为对继母“赠”衣的痛诉。

可是，回过头来看，这整个事件中，孙用蕃是如此的委屈。她出生在一个姊妹多，竞争激烈的大家庭里，面对的是一双袜子都是一笔会被他人觊觎的财产的惨烈竞争。所以，在她看来，这些衣服就是一笔不小的财富，更何况，那些衣服的料子都是好的，没怎么穿过。

可是到头来，她这行径却成了爱玲痛诉她是个十恶不赦的“母夜叉”式的继母的最好证据。

情何以堪，情何以堪呢！

姑姑·半生眷爱

1

姑姑张茂渊。对于爱玲而言，她是一生的眷爱。

在爱玲最孤苦无依的时候，是她似母亲般在一旁呵护着爱玲，即便有一段时间生活十分拮据，她仍没有嫌弃过寄居在她那里的爱玲。

有时我在想，如若没有她给予的十年相伴的温情时光，那个横空出世的才女爱玲便不复存在了。试想，在父母不断升级的争吵中，家的崩溃、亲情的分裂、后母的阴险、童年的悲切，如是种种乱世中的无遮无拦的破碎，让爱玲如何面对呢！所幸，有姑姑张茂渊这么一个重情义的亲人能予以收留，才让爱玲度过那冷若冰窖般的岁月。

她们朝夕相伴、相依十余年，她，始终待爱玲比女儿还亲。

由我看来，黄逸梵长年在国外，她真真强似爱玲的母亲。那些年里，她是爱玲遇事可以商量的人，亦是唯一可以帮着爱玲拿主意的家里人。

跟爱玲的母亲黄逸梵一样，她亦是个新女性。少女时期，和爱玲母亲非常要好的她，常常和嫂子一起学习、一起唱歌、一起弹钢琴、一起学画画、一起买时装。她跟黄逸梵一样，厌恶并且看不起哥哥消沉、腐朽、萎靡的遗少生活。

为追求一种有品质的、积极的、向上的生活，她于1924年越洋到遥远的文明国度英国留学。

也就是在这一年，这一次的远行，她邂逅了她一生的恋人——风度翩翩的李开弟。

在从上海驶向英国的渡轮上，因为船身颠簸的缘故，张茂渊和黄逸梵呕吐起来。这时，谦谦君子李开弟主动过来照顾她们俩，很绅士地端来热水，递上热毛巾，还冲了两杯龙井茶。细心周到，令人感动，令任何一位女子都会动容。

傍晚时分，已经有所好转的张茂渊站在船头，欣赏起海景来，只觉有人从背后将一件衣服悄悄地披在自己的肩上。于是，回头，眼眸环顾下，便看进去一抹注定半生痴缠的情缘。那个为她披衣的人，就是深情款款的李开弟。

彼时，李开弟二十七岁，她二十六岁。

甲板之上，李开弟深情地用英语为张茂渊朗诵拜伦的诗，而张茂渊则擎着一张俏脸专注地倾听着。航海线上，湛蓝的天空下，流动着的全都是他们情愫激荡下的暖湿气息了。如此，真美好。

然而，感情的事往往难以预料。人说，两情相悦，未必都能终成眷属。于他们二人而言，很快应验了。因为，在交往不久后，一道无以逾越的沟壑就横在了他们俩的面前。那就是，张茂渊赫赫声名的家世背景。

在年少气盛的热血男儿李开弟的眼中，签了丧权辱国条约的李鸿章，就是一个十足的民族败类；而张佩纶亦非英雄，狼狈逃窜致使“马尾之败”，作为主帅的他难逃罪责，是为十足的懦夫；其兄则是个吸食鸦片、嫖妓的浪荡子。如此家境下的张茂渊，便不由得在他眼中变得低下来了。而那欲和自己心仪的张茂渊双栖双飞的事儿便也说不出口了。

只是，很快，他发觉自己错了，而且是大错特错了。

他发觉，张茂渊原不是他想象的那般只会依附大树而生存，而是心存着一颗男子般雄心的坚毅女子。其自强自立的性情亦与自己的家族格格不入。如是，他有了深深的自责。欲挽回，却为时已晚。此际，他已经和一位女留学生结为连理，且妻子刚刚有了身孕。

一段情缘，由此注定成为一场开在伤口上的烟花。绚烂过，却终究灰飞烟灭！

只是，苦了张茂渊。

她本是那种情不露于色的冷美人。虽说着一些“冬之夜，视睡如归”之类的俏皮话，却是不懂得如何释放心性的那种人。所以，在李开弟之后，情感清冷高傲的她，便再学不会爱人。她曾经对婚后的李开弟说：“今生等不到你，我等来生。”这样的决绝痴情，我是被感动了。何况，她并非说说而已，事实上她亦是用自己的大半生岁月、长达半个世纪的时间来实践承诺了。这样的勇气以及浓情，真真是李开弟这个人修了几世的福分。

在那长长久久的半个世纪的等待里，她隐忍地退让，只作为好友与他交往。六十年里，他们从未越雷池半步，而她更独身自好，始终未嫁。

写到此，我忍不住泪盈满眶了。此时，窗外一片明艳，我却无以掩饰这份心疼。人说，三年于女子是如华年似水、彩云追月。而这六十年，该是怎样的漫漫无尽的煎熬呢。真真是“长河渐落晓星沉，碧海青天夜夜心”！

所幸，时间将无数个事件润泽成珠，且珍藏下来，留给这两个如此相爱着的人。

那一年，李开弟的妻子因病而亡，临终前，她拉着张茂渊的手，深情地说道：“我早知道你和李开弟是情投意合的一对，当初李开弟对你的出身抱有偏见，对你的个性也不甚了解，他是一个粗人，就断然拒绝了你的初恋，贸然和我恋爱并结婚了。真的，当初我一点也不知情，你把你的恋情暗藏在内心深处，我竟然一点没有察觉出来。等李开弟了解你的为人个性，了解你的坚忍不拔的恋情之后，我已经怀孕，和李开弟再也分不开了。李开弟苦恼过，悔恨过，内责过，但是一切的一切都晚了。你作为李开弟的初恋情人是那么的专注于爱情，在长达五十二年不间断的交往中，你没越雷池一步，这点是我在暗自观察中的深刻认识。李开弟也是一位谦谦君子，你视我儿子为己出，李开弟视张爱玲为己女，这一切的一切我都看在眼里，记在心里。我将不久于人世，我过世后，希望你能够和李开弟结为夫妇，以了结我一生的夙愿，否则我在九泉之下会死不瞑目。”

如是，苦恋久久的他们俩，才有情人终成眷属。

只是，令世人惋惜的是，她早已从“婵娟两鬓秋蝉翼，婉转双蛾远山色”的少女变成了“尘满面，鬓如霜”的老妪。

不过，我知道，于她而言，能如此，已足够。

从豆蔻年华到迟暮。一个人，一段情，近一生。这样的情事，该是一种多么奢侈的事呀。爱玲曾如是说过：“人生是在追求一种满足，虽然往往是乐不抵苦的。”我想，睿智冰清的爱玲，在某些看法上，是深懂如此爱着她的姑姑的。

我在看爱玲的故事时，都如履薄冰般地为着爱玲那些令人心疼的遭遇揪着心。唯独，看到爱玲和姑姑在一起时，心是舒缓的。我知道，爱玲只要身边有她，便什么都不必担心了。因——

她的坚韧，赋予了爱玲。

她的傲骨，赋予了爱玲。

她的……

某些程度上，她锻造了一个强大的、无坚不摧、无所不能的独立着的爱玲。

2

她虽视爱玲如己出，对爱玲表达感情的方式却也极其寡淡。

那些年里，从父亲家逃出来的爱玲，跟姑姑同住的时光，心境亦是如同紧绷的弦般紧张着。

在她的回忆里，有着这样的一幕：她着急到阳台上收衣服，不小心膝盖磕到玻璃门上。瞬间，流下血来，直溅到脚面上，她慌忙涂上红药水，那伤口被渲染得煞是可怖。她给姑姑看，姑姑弯下腰，匆匆一瞥，知道不致命，就关切地问起碎掉的玻璃来。爱玲顾不得伤口的疼痛，心酸地赶紧去给配一块回来。因为她知道，姑姑的家对于自己而言就是一个精致完全的体系，无论如何都不能让它稍有破损。于是，她急急地把修理木匠找来，花了六百大元配了一块。

另外，姑姑还经常对爱玲说：“和你住在一起，使人变得非常唠叨（因为需要嘀嘀咕咕），而且自大（因为对方太低能）。”这样的说辞，对于爱玲可谓是一种伤害。她曾说，若是别人说我听，我会很愉快，若是我说别人听，过后想想就会觉得很不安。只可惜，姑姑不会在乎她这种感受。因为，她是一个习惯直面现实的人，所以，便就不大想得起来去照顾别人的情绪。

她对待爱玲的感情，便不似我们一般意义上的那种亲情了。

也正因为如此，爱玲说起姑姑，总是有着一种亲热里带点距离感的味道。

我知道，这样为人处世疏离到如此清浅地步的她，亦是被那阴郁肮脏的家世生活所迫而致。

那年，母亲李菊耦去世后，遗产一直由大哥张志潜（张佩纶和发妻所生的儿子）代管，直到二哥张志沂娶妻生子后才交割分配到他们二人手里。然而，分得却十分不公平。于是，她和二哥联手跟大哥打起析产官司。谁知，关键时刻，二哥却丢下她倒戈了。爱玲说是继母趋炎附势从中拉拢的过。吃了个大大闷亏的她，自此再不与哥哥们往来，并声明不喜欢“张家的人”。对爱玲的好，全然是因为爱玲自己贴上来的。

此后，烈性的她再不轻易惹情牵，冷漠孤傲得连侄子张子静都怕她到入木三分。也是，她对爱玲的弟弟张子静远远没有对爱玲好。她虽然知道那亦是一个可怜的孩子，但是，却无论如何都做不到关切。赶上饭点，亦会冷漠地翻脸撵走他；爱玲要是不在，她就更没商量地对他关上自己家的大门。之后的数十年，任岁月灰暗不明，他们之间都未曾通过书信。其实，张子静是想过要看望她的，然而出于害怕还是作罢了。

她早已被生活的污秽所伤，再无法用真心去对待亲人。她受到了太大的来自亲情的伤害，已心冷意冷了。于是，有着精神洁癖的她便不惜“对自己狠一点”，彻底地抽身而出，与虚伪的情意一刀两断，只要那“刻骨的真实”和“刀截般的分明”。

爱玲最欣赏姑姑的就是她的这种个性。那么些年里，她极力追随姑姑的生活方式——自己挣钱自己花，自己管自己，自由自在住在公寓里，清清静静，没有人事纠缠，过着一种清洁爽利的生活。

能被清寡的爱玲如是欣赏，我知道，她定是个可爱至极的人。后来，看了记述她生活场景的文字，我更是如此断定了。

文字中说她擅长自嘲（自嘲是自恋的天敌）。有一回，她生了病，许久都没能痊愈。于是，她带点嘲笑地说道：“又是这样恹恹的天气，又这样的虚弱，一个人整个的像一首词了。”而不是将自己当成一个病西施似的黯然神伤。

她不喜欢文人，却某一次说出“我简直一天到晚地发出冲淡之气来”。

有那么一天夜里，非常寒冷，她急急地往被窝里钻，嘴里竟说出“视睡如归”这样文绉绉的话来。

她亦十分幽默。有一次，洗头发，看着洗得墨黑的水，她说出“好像头发掉色似的”俏皮话来。

爱玲十分喜爱这样的姑姑，她曾如是说过，“我姑姑说话有一种清平的机智见识”。

对于这样的睿智、清寡的女子，我亦是欣赏喜爱的。

看过她和爱玲的一张合照。身材颀长，长相俊美，整个人都散发出一股沁心的清丽。这样的女子，是容易令人心生欢喜的。在那个时代里，她能脱离自己那个腐朽的家世，实属异类，令人艳羡、崇敬。

多年里，她靠工作养活自己，始终做着一个独立自主的职业女性。

我知道，便是她这般的清浅执著，赋予爱玲无穷尽的榜样力量。能让爱玲板着脸对着迟到者说“张爱玲小姐不在”，能让爱玲飘飘欲仙地穿着稀奇古怪的衣服，自以为在保存劫后余生的艺术品。她教会了爱玲按照内心的指示行动，其他全都是外物，不关己。

因此，她和爱玲都做到了，对待亲情不那么温暖，对待爱情不那么浪漫，只追逐着一种“脱媚俗”的人生。

1991年6月，她于上海去世，享年九十三岁。身在国外的爱玲，因种种原因却未能回国看望她一眼。

当时，已九十四岁的李开弟先生，给爱玲写信希望她能回来看姑姑最后一眼。然而，此际的爱玲处于一种窘迫的情状，于是，只能回信表示哀悼。但是，毕竟眷爱，言语中是尽见情动的：“收到信的前一晚听到有人在窗外叫着姑姑的名字。我醒来一想，在窗外呼唤姑姑名字的阿姨早在几十年前就去世了，为什么会叫姑姑的名字？第二天便头痛了一天。第三天便接到姑父的来信。”

我深信，这样的姑侄二人，是心有灵犀的。在她们内心亦为彼此留有一处柔软所在，那处，她们彼此关爱、挂念、眷恋。

弟弟·天才阴影

1

对于弟弟，爱玲是疏离的。

《对照记》中，爱玲用那种淡如白开水般的疏离笔触记述下的弟弟，读来，让人心疼。

他，总是怯怯的，黯然地站在才华惊世的姐姐身边，抱着玩具，却仍然可以感应到他长长睫毛下大大眼睛里流露出来的畏怯。他，总是不知所措，无所偎依。孤孤单单的，于惶恐中度过那些漫长的岁月。

他，真的可怜。

本以为在那个重男轻女的年代，他应是那个被捧在掌心上的宝贝。就是从小看护着他的女佣张干，亦是这般认为的，并因自己带的是个男孩，处处抓尖占巧。然而，精干刻薄厉害的张干还是看错了风头，张家在许多方面皆延续着旧时风气，却唯独在这个问题上，有了例外。

黄逸梵因为自己是庶母所生，受了不少委屈。因此，在她成为一家之母时，她便下定了决心改变这一情状。多年里，她对爱玲总好过张子静万千。她曾坚持把爱玲送到开明教育的学校，张志沂不同意，她甚至像拐卖人口那样，悄悄地把爱玲送了进去。对于张子静，她却未曾想过多管。她是想着反正他是张家的独苗，张志沂说什么也会让他受好的教育。然而，未曾料到的是，张志沂是个没有重男轻女之思想、亦没有起码儿女心的独人，他因嫌学校里的“苛捐杂税”太多，“买手工纸都那么贵”，便只在家中开旧式私塾教张子静读书。

由是，小小的张子静便成了夹缝中的可怜孩童，是姥姥不疼舅舅不爱的孤苦人儿。尽管他生得秀美可爱，有着好看的大眼睛、长睫毛和小嘴，然而，他的瘦弱、他的窝囊憋屈的个性，使得他远远不如姐姐那般蓬勃。

爱玲曾写过这样一段过往：“他妒忌我画的图，趁没人的时候拿来撕了或是涂上两道黑杠子。我能够想象他心理上感受的压迫……我比他会说话，比他身体好，我能吃的他不能吃，我能做的他不能做。”

寥寥数语间，我们可真切地看到一个被压抑的寂寞孩童。

晚年，他也曾在回忆的文章里这样写道：“那时姊姊已进了黄氏小学，住在学校里。每逢假日，家里的司机会去接她回家。父亲仍然不让我去上学。我在家里更为孤单了。以前私塾先生上课，姊姊会问东问西，现在剩下我自己面对私塾先生，气氛很沉闷，我常打瞌睡。不然就假装生病，干脆不上课。”

看这段文字时，我能想象到他那时的孤独及无助。

其实，童年时期，爱玲是喜欢这个弟弟的。某些程度上，秀美、笨拙的他，如同一个在爱玲的心中有趣的小玩意。然而，随着她的成长、她接受的新鲜教育，她的世界越来越宽广，渐渐地便对这个越来越不争气的弟弟产生了疏离感。

每每从住宿的学校回来，都会听到众人讲述着弟弟的种种劣迹：逃学、忤逆、没志气。这时的爱玲比谁都气愤，然而，眼前的弟弟确实看上去很不成材，穿一件不甚干净的蓝布罩衫，租来许多不入流的连环画看。一股恨铁不成钢的心绪，瞬间席卷而来，使得她因气愤而激烈地诋毁起他来。

父亲张志沂，更是不待见他。顺势，继母孙用蕃便加倍冷落虐待起张子静来。

那日，在饭桌上，张志沂为了一点小事，打了张子静一个耳光。爱玲看了，大大震动，眼泪也不由得落了下来。自是引来了孙用蕃的一番戏弄，她花枝招展地颤笑起来，说："咦，你哭什么？又不是说你，你瞧，他没哭，你倒哭了！"

爱玲丢下碗冲到了浴室，对着镜子，看着自己的眼泪，咬着牙说："我要报仇。有一天我要报仇。"然而就在这时，一只皮球从窗外蹦进来，弹到玻璃镜子上，原来是弟弟在阳台上踢球。他早就忘了刚刚的不愉快。爱玲，顿时感到一阵寒冷的悲哀，没有再哭。

我想，应是从这刻起，爱玲对他产生了深深的失望的。并在随后的日子里渐走渐远。

之后不久，爱玲和父亲、继母彻底闹翻。在经过半年之久的监禁之后，她成功地逃到了母亲那里。自此，那个散发着苔藓之气的家里，便只剩了张子静这么一个孤单的人。

他，亦想学着爱玲那般逃到母亲的家里。是夏天，他带着一双报纸包着的篮球鞋，眨着一双潮湿而无助的大眼睛，望着母亲，说也不回去了。可是，他忘记了母亲的理性。最后，黄逸梵用超冷静的语气对他解释，说自己的经济能力只能负担一个人的教育费，而名额已经被姐姐占据了。你要回父亲的家，好好地读书。

张子静听了哭了，爱玲也哭了。

最后，他只好回到那个已没有暖意的家，孤单地留在那里，战战兢兢地过着看不到光亮的日子。并且，在父亲的冷落下、继母的虐待下，逆来顺受。

乱世中，人人自身难保。谁都无能为力吧，包括爱玲。

后来，她在自己的小说《茉莉香片》里，曾虚拟过他在那个家里的生活状态，一个阴郁懦弱到有点变态的人，有着严重的精神上的残疾。

我想，写这篇小说的初衷，还是缘于对弟弟的疼惜吧！

2

在一个清冷的晚上，我还是忍着心疼看完了关于他的一生。

这长长的岁月里，他过得煞是清冷。清冷得，令人心生深深寒意。

有那么一个时刻，我不知道该用什么样的笔触来对他继续描述。

不过，关于他的故事仍要继续。

姑姑张茂渊，亦不甚喜欢他。面对他时，她的冷淡总是摆在脸上。有次，他去看望姐姐爱玲，聊得尽兴，不觉就到了吃晚饭的时间。这时，姑姑过来不客气地对他说道："你如果要在这里吃饭，一定要和我们先讲好，吃多少米的饭，吃哪些菜，我们才能准备好。像现在这样，没有准备，就不能留你吃饭。"

他听后慌忙告辞。

姑姑张茂渊认为一直在父亲和继母照管下生活的他，势必深受了他们的影响，因此始终跟他保持着一定距离。

而跟随姑姑多年的爱玲，对他的态度也日趋不同，常常也会对他表现出不耐烦来。他曾经跟一帮朋友办了份杂志，想着让已出名的姐姐给写篇稿子壮壮声誉。然而，爱玲却很不客气地回绝道："我不能给你们这种不出名的杂志写稿，坏我自己的名声。"他要是想见见爱玲，也经常是十有九次不被接见。

即便如此，他仍是觉得姐姐特别、优秀。他已长大，再没了童年时的小小嫉妒，而是顺应天意地接受，并且甘愿在姐姐的光芒里来去。他只是想从姐姐那里得到更多的温暖，那种来自亲情间的温暖。

只是，他不知道的是姐姐早已在母亲、姑姑的影响下，变得冷然。她已经不会让亲情变暖。她，早已对这个若父亲一般染指赌博恶习的弟弟，心生失望。1952 年，她离开上海到达香港，并打算从香港去往美国。行前，她都没有告诉他。他一如往常那般去姑姑家看望姐姐，姑姑拉开门，冷冷地对他说："你姐姐已经走了。"然后就把门关上了。

他顿然陷入一种无尽的黑暗。走下楼，忍不住哭了起来。

他，再一次被亲情遗弃。

曾经，不久前，母亲黄逸梵从国外回来。住在姑姑家中的她，叫他过去吃饭。眷顾亲情的他，便恳请母亲留下来，找一个房子，跟姐姐和他共同生活。然而，得到的答复却是："上海的环境太脏，我住不惯，还是国外的环境比较干净，不打算回来定居了。"

他，定然会失望。然而，却未曾有任何人关心过他是否失望。

所以，母亲在 1948 年，毅然离开。姐姐在 1952 年，也离开了。

他，成了上海滚滚红尘中被亲情遗忘的角落。

他爱着的、眷念着的她们俩，相继离开，他只好于无奈中找父亲和继母去。

可惜，不管谁都不曾为他真的着想过。父亲张志沂对自己甚是慷慨，却对他吝啬至极，为了省钱，干脆不提他娶亲之事，以至于使得他终身未能娶妻。如此冷血的父亲，还真少见。

这个父亲还不如一直被爱玲痛恨为恶人的继母孙用蕃呢。在他去世后，分遗产时，她还将青岛房租的十分之三分给张子静呢。在那段只她和他两人的岁月里，孙用蕃亦想过将他遗弃，她想和自己的弟弟同住，让弟弟做户主。这遭到了张子静的激烈反对，因为如此一来，在郊区学校教书的他退休后就没办法回到上海市区了。孙用蕃知他心意，便不曾像黄逸梵那般继续坚持自己的想法。不久，张子静的户口迁回到市区，落在了孙用蕃的户籍上。晚年时，他亦是在孙用蕃留给他的那间十四平方米的小屋里安度。

我无法断定，这两个人之间的情分。但是，我却也真实地看到了孙用蕃对于他付出的多过于爱玲和黄逸梵的感情。

1986年，孙用蕃去世。只剩他一个人，他开始寻找姐姐。辗转中终于和姐姐联系上了，但是亲情疏离，他并没有获得来自姐姐的温情，爱玲只是冷冰冰地说：“没有能力帮你的忙，是真觉得惭愧，……其实我也勉强够用……”

我不知他是怎样给姐姐写的信，但是，我看到了一个“天性凉薄”的事实。

而他对姐姐的感情却始终如初。

他想，长期幽居的姐姐，定是艰难的。于是，便将自己小屋的门打开着，为的是让姐姐随时回来。

只是，他没有盼到她回来。1995年9月，爱玲于睡梦中逝世。

他在大洋这边获得消息，大脑一片空白。在哀痛中，他找出姐姐的书，一翻竟是那篇《弟弟》。看着那些熟悉的文字，他的眼泪止不住地流下来。他凄哀地说道：“很美的我，已经年老，没志气的我，庸碌大半生，仍是一个凡夫。父母生我们姊弟二人，如今只余我残存人世了。”

哀痛如此，想必只有他一人能承受。

第二年，他亦去世。我查不到任何文字，对于他的去世进行描述。只希望，去往天国的他，可以和他心底始终眷爱的姐姐、母亲会合。

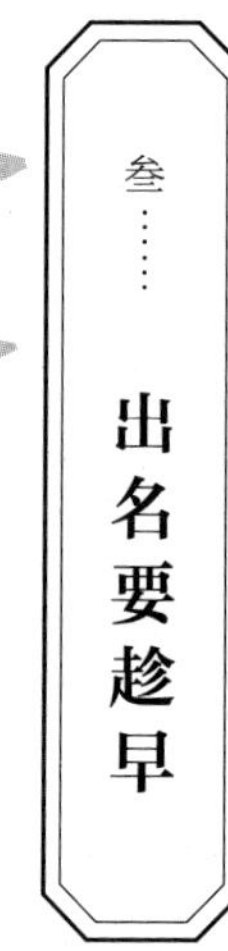

叁……出名要趁早

夜阑珊，人寂静

在她繁华而

苍凉的文字里穿行

呼啸而至的是——

一大丛开在阴暗角落里的罂粟

凄红而妖艳

那暗里也藏不住的浮世悲欢

把我醉了

醉于她的才情深艳

才情掩不住

1

那日，挑灯夜读胡兰成的《民国女子》。看到这样的句子——“爱玲是其人如天，所以她的格物致知我终难及”，蓦地，领悟了爱玲才情之大。

翻阅爱玲的文字,不难发现她那些字字句句,原只应天上有的。

这是天赋的才情。

且看。

七岁时，当家族中的其他孩童还在淘气着，她已写就一篇历史小说，她一开头便来了句“话说隋末唐初的时候，是一个兴兴隆隆橙红色的年代……”

八岁时,她即读《红楼梦》和《三国演义》这样的名著了。而且,那锦词佳句勾起了她与生俱来的才情。那时小小的她，看皓月千里，就会生出幽怨的心境来；看到春风拂柳、燕子来时，竟无语惆怅。一本《红楼梦》，更是从此后伴随了她一生。她曾如是说过:“人生恨事：一、海棠无香；二、鲥鱼多刺；三、曹雪芹《红楼梦》残缺不全；四、高鹗妄改死有余辜。”也正因此，成年后的她为了延续小时对《红楼梦》的那份热爱，而撰写了一部《红楼梦魇》。

我想，如此才情四溢的人，真的不多。那冷然的黄逸梵能如此看重爱玲，亦是因此。

她是以一双慧眼，看到了深掩在女儿身体里的那份惊世的天赋及才情了。要不，她不会三番地跟张志沂争吵着，要送小爱玲到学校接受正规教育。然而，固执、吝啬的张志沂，无论如何都不愿意把钱花在上学上面。他仍旧坚持旧时的私塾教育，认为那些洋人办的学堂无法教出好来。让女儿也同她母亲那般，满口英文，撒丫子满世界跑？这是他无论如何都不能容忍的。

可是，作为新女性的黄逸梵，在留过洋之后，更体味到不受正规教育的苦。此际的她，断然不会让如此聪慧的女儿重蹈自己的覆辙。于是，她索性不跟食古不化的张志沂沟通了，而是在某一天，趁着他上楼休息的时候，像拐卖一般的拉着女儿的手偷偷地从后门溜出来，径直到了黄氏小学报名处。

那一年，爱玲已经十岁。

母亲在填写入学证的时候，觉得“张煐”这个名字叫起来不够响亮。于是乎，犹豫片刻，歪着头写下了“张爱玲”三个字。这三个字，她亦不甚满意，只是一时想不出更好的，便暂用了爱玲英文名字 Eileen 的音译。她是想着等日后想好了再改，殊不知，“张爱玲”三个字，在日后名动了上海滩、风靡了华人世界。

而对于有着浓厚文字情结的爱玲，这名字无法令她满意。她曾在自己的一篇随笔《必也正名乎》中写道：“我自己有一个恶俗不堪的名字。”

于是，后来她给自己取笔名“梁京”，却不见山不见水地沉寂着。倒是她小说里的人名，确切地好，比如范柳原、白流苏、葛薇龙、言丹朱、碧落、娇蕊、愫细、绫卿……真真的雅致纤巧富有诗意。然而，试想现实生活中，若是被叫着这样的名字，总有不真实的感觉。我想，她亦是有这般的认识的，要不，她怎会轻省地说道：“我愿意保留我的俗不可耐的名字，向我自己作为一种警告，设法除去一般知书识字的人咬文嚼字的积习，从柴米油盐、肥皂、水与太阳之中去找寻实际的人生。”

但，于我甚觉“张爱玲”三字的好。爱，眷爱、挚爱……如是的温暖；玲，玉器碰击的美妙声响……如是的婉约。

2

由于自小打下的文字功底，已十岁的爱玲直接插班到了五年级就读。她亦珍惜这样的学习机会，于学业认真刻苦。

那时，因为寄宿，她生活得很有规律——星期一早晨，坐着父亲的汽车由司机送到学校，星期六，再由司机接回家。而保姆何干，则在每个星期三给她送去换洗的衣裳和食物。逢着周末和寒暑假，她便可以做许多自己喜欢的事情：看电影、读小说、去舅舅家找表姐妹聊天，或到姑姑家玩。

这样的生活，着实让仍被困在家里念私塾的弟弟艳羡不已。事实上，她亦是满意非常的。

另外，新式的教育，更是赋予她新颖的创造性的文艺灵性。她开始照着报纸副刊的格式，自己裁纸，自己写稿，自己画插图，竟弄得像模像样的。张志沂亦对有着如此斐然文采的女儿重视起来，常常把女儿的大作展示给亲朋好友看，并不无得意地玩笑着说：“这是我女儿办的报纸副刊。”

这样的“一个人的游戏”，着实新鲜好玩。小爱玲的日子，过得亦舒适温馨。

可是，不多久，母亲黄逸梵彻底跟父亲决裂了。他们用离婚了结了那纠葛了多年的婚姻。

爱玲便有了伤感，开始学会了用文字来寄托某些情愫、哀伤，并将留有母亲气息的姑姑家当作心灵的寄托。

不过，她并不万念俱灰。因为，她的身边还有重视自己的父亲。渐渐地，她和父亲有了那么一点相依为命的感觉。父女俩常常一同出去看戏，买点心，然后回到家再高谈阔论。

这样的生活，亦是好的。于那时的爱玲而言。

跟着父亲，她看了很多京剧，《四郎探母》、《得意缘》、《龙凤呈祥》、《玉堂春》、《乌盆记》……父亲亦耐心地给她讲解，什么是“云板”，什么是“响板”，什么是“新剧”，什么是“旧剧”。时常，他还会拿着彼时最流行的《戏剧月刊》，对当时的一些名旦品头论足，爱玲则在一旁听得津津有味，得意处，还忍不住笑出声来。

那段日子里，她对戏剧、章回小说、古体诗产生了浓厚的兴趣。最迷的仍然是那本影响了她一生的《红楼梦》。常常，她会一边读《红楼梦》，一边“香菱学诗”那般——“天对地，雨对风，大陆对长空，来鸿对去雁，宿鸟对鸣虫，三尺剑，六钧弓，人间清暑殿，天上广寒宫……”她是爱极了古诗文中的那些端整秀丽的对仗了，于是乎，她一口气作了三首七绝，父亲看了夸奖不已。而她自己，亦为此满心欢喜。

那时，父亲有一个很大很大的书房。这于爱玲而言无疑是个宝库。她经常溜进去，翻阅诸如《海上花列传》、《醒世姻缘传》、《水浒传》、《老残游记》、《官场现形记》、《儒林外史》、《金粉世家》……读完还要和父亲讨论一番那些小说的优劣。那时，张志沂总是很认真、细心地听着，然后耐心地为她分析。这样的天伦之乐，亦深深为爱玲所回味。

就是在这段时间里，爱玲开始了自己真正意义上的写作。

上学第一年，也就是黄氏小学时期，她便写就了第一篇有头有尾的小说。情节大致是讲一个三角恋。一个叫素贞的女子，聪明善良，有一个心仪的男友叫殷海生。只可惜，殷是个花花公子，后来竟然和素贞要好的女朋友好上了。面对两个在心底分量特重的人的背叛，素贞伤心欲绝，最后在西湖投水自杀了。

这篇小说写在一个小本子上，后来在同学间传开，大家争相阅读，致使字迹都模糊了。可见，此篇小说对大家的吸引力。这说明那时的爱玲已具备了超凡的讲故事的本领。

3

1931 年秋，她进入上海圣玛利亚女校，开始度过自己近七年的中学生活。圣玛利亚女校是上海一所声名显赫的贵族学校，以“为上海滩培养名媛淑女”为办学宗旨。

但是，这些与爱玲无关。

爱玲，需要的是这个洋溢着西式风情的学校，能带给自己一片可以自由呼吸的天地。虽然父亲对自己不薄，但是秉持着浓郁旧时思想的他仍不是一个好父亲。他萎靡腐败，将一个家弄得冷漠、阴郁。这让爱玲十分压抑。所以，能住宿于学校，无疑是种精神上的解脱。

不过，她和那些求学目的明确的同学不同，因为她从未想过要将这所学校当作成为某某太太的跳板。相反，她对此深恶痛绝，且看她在毕业时填写的调查栏里“最恨”一项：“一个天才的女人突然结了婚”。

她只是拼命地在这所学校里发奋写作。

第二年，她以十二岁的年纪，在圣玛利亚女校校刊《凤藻》上，发表了她的第一篇化为铅字的小说《不幸的她》。短短的一篇仅一千四百字的小说，却将情节结构得跌宕起伏、回肠荡气。那一句“我不忍看了你的快乐，更形成我的凄清！别了！人生聚散，本是常事，无论怎样，我们总有藏着泪珠撒手的一日！”，着实，让读过的人，都为她这十二岁年纪写下的字句惊艳不已。

有人曾评价说：“读爱玲的文字，因为她的才华有余，所以倍感其行文美丽到要融解，然而亦是素朴的。”此话，非是深懂爱玲的人，不能写出。

从最初，爱玲便有这样的本事，只言片语间，看似漫不经心信手拈来，却字字珠玑。

但是，在这样的文字里，我亦看到了我爱着的爱玲的感伤。她已习惯了人生的聚散离合，面对离别，亦学会了人前冷漠、人后落泪。她亦明了，这万水千山的漫漫人生路，只能靠自己独行。

不过，她的才情，却愈发地被激发出来了，如同雨后春笋，一发不可收。

紧接着，她在圣玛利亚女校校刊《凤藻》上，发表了一篇超出她年龄想法的散文《迟暮》。文风之老练沧桑，让读过者无不为之惊叹，皆不敢相信那是出自一个中学生之手：

只有一个孤独的影子，她，倚在栏杆上；她的眼，才从青春之梦里醒过来的眼还带着些朦胧睡意，望着这发狂似的世界，茫然地像不解这人生的谜。

她曾经在海外壮游，在崇山峻岭上长啸，在冻港内滑冰，在广座里高谈。但现在呢？往事悠悠，当年的豪举都如烟云一般霏霏然地消散，寻不着一点的痕迹，她也唯有付之一叹，青年的容貌，盛气，都渐渐地消磨去了。

灯光绿黯黯的，更显出夜半的苍凉。在暗室的一隅，发出一声声凄切凝重的磬声，和着轻轻的喃喃的模模糊糊的诵经声，“黄卷青灯，美人迟暮，千古一辙”。她心里千回百转地想，接着，一滴冷的泪珠流到冷的嘴唇上，封住了想说话又说不出的颤动着的口。

我知道，这里面有她母亲的影子。但是能在那色彩缤纷的温暖春天里，感叹着“人生韶华稍纵即逝不如朝生暮死的蝴蝶那般令人可羡”的这份伤感心意，却不该是她那十二岁曼妙清澈的年华里所应有的。

之后——

她愈发眷爱上在学校里的好时光。

她亦成为学校里一个令人瞩目的焦点。

她天资聪颖，各科成绩都是甲或A上。

她的文字，不仅受到老师的赞扬，亦受到同学们的追捧。

她的小小的心里，便不由得生出几许自信和骄傲。

而那份对文字镌刻于骨子内里的热爱，更在那无数月明星稀的夜里，蠢蠢欲动。

一个人盛大

1

日子，若这般过下去，亦算温暖。

母亲，虽不在身边，但还是可以常常在休息日的时候过去姑姑家看望她。

然而，母亲再一次选择出国，再一次用千山万水将她们母女间的温情阻隔。对于敏感的爱玲而言，无疑是一种伤害。

临行前，母亲来到学校看她。在校园内，衣着漂亮、气质超群的母亲，牵着沉静的她的手。她们之间的对话极其平静，没有一丝一毫的伤感味道。那时，她还只是个初三的孩子，却表现出和母亲如出一辙的寡淡来。

母亲简短地问了她在学校的饮食起居，凝视了她片刻，摇了摇头，离开了。

但许久，爱玲还是一个人站在原地。隔着那高大松树，她漠然地望着那已关闭了好久的红铁门，直到惊觉自己脸上有了泪珠。慌乱中，她忍不住在寒风中大声抽噎起来。

从那时，她就懂得只哭给自己看了。

此后，她成了真正意义上的孤单一人。所幸，她对文字的热爱未曾因此而消减。相反，她开始将更多的心绪倾注到文字里。

十四岁那年，她写了一部有始有终的篇幅较长的作品，即章回小说《摩登红楼梦》。回目由父亲张志沂为她代拟。整部小说，看起来很像那么回事，共计六回："沧桑变幻宝黛住层楼，鸡犬升仙贾琏膺景命；弭讼端覆雨翻云，赛时装嗔莺叱燕；收放心浪子别闺闱，假虔诚情郎参教典；萍梗天涯有情成眷属，凄凉泉路同命作鸳鸯；音问浮沉良朋空洒泪，波光骀荡情侣共嬉春；陷阱设康衢娇娃蹈险，骊歌惊别梦游子伤怀。"

在这部小说里，尽见爱玲那若罂粟般妖娆冷艳的文字。此时，她已经知道将古典人物现代化，并狠狠地批评世态了。连同样是红楼迷的父亲，看后都赞赏不已。

不久，她又以一篇自命题作文《看云》，赢得一位有才华、有见地的国文老师的重视。这位叫汪宏声的国文老师，是爱玲文学生涯里的伯乐。那时，他主办了一份刊物《国光》，并邀爱玲协助自己担任编辑工作。虽然对万事都漠不关心的爱玲婉言拒绝了，却答应了为《国光》写稿。

之后，她在《国光》上陆续发表了小说《牛》、《霸王别姬》、《读书报告叁则》、《若馨评》。每一篇，都被大家交口称赞。尤其是《霸王别姬》，汪老师以这样的语言予以赞誉：“与郭沫若的《楚霸王之死》相比较，简直可以说一声有过之而无不及，这样努力为之，将来的前途是不可估量的！”

这篇小说，确也别出心裁。

她写的虽是项羽和虞姬的故事，却与千古流传下来的版本不甚相同。文字里，她不感念项羽的悲壮，亦不感念虞姬的忠贞，也不是对他们那段伟大的爱情进行歌颂，而是从虞姬这个忠烈的女子的内心出发，塑造出一个具有现代独立意识的女性形象。看她那最后一句话即知：“我比较喜欢那样的收梢。”

彼时，她十七岁，却似乎已将人生看得透彻。

2

她开始大胆设想，自己未来的蓝图——

中学毕业后，要到英国去读大学，要把中国画的作风介绍到美国去，要比林语堂还出风头，要穿最别致的衣裳周游世界，还要在上海有自己的房子，过一种干脆利落的生活。

然而，现实总比理想残酷千万倍。

要知道，在她的面前，挡着的不仅是腐朽吝啬的父亲，还有一个在她看来是“母夜叉”的继母呢。

寄宿在学校的她，虽然可以远离继母的管辖，但继母的影子以及她的旧衣裳却仍然无处不在。

住宿的爱玲一天比一天懒得回家，亦一天比一天忧郁起来。

偶尔回家，总是听到弟弟和自己的奶妈何干受欺负的种种，如是，更是想逃，逃到自己勾勒的那张蓝图里去。

她变得更加沉默寡言，也更加嗜书如命了。有了些自卑导致的自闭，亦有了些不同于同龄女孩子的早熟。她冷冷地寂寥地度过她的中学生活。她的老师汪宏声对那时的她的回忆："张爱玲那时瘦骨嶙峋，不烫发，衣饰也不入时，坐在最后一排最末一个座位上，表情呆滞，十分沉默。"

但这还不是最糟糕的。

最糟糕的，是那场来自继母挑拨父亲对她的毒打及囚禁。

前面我们说起过，那是1937年的事情。1937年，对于整个中国而言是一场大劫难，对于上海更如是。"八一三"事变后，日军进攻闸北，国民党部队连夜从上海撤退，上海因此沦陷，成为"孤岛"。

不过，这对于爱玲来说不是切肤相关的。

她的悲剧，来自那场灾难。

这一年，她中学毕业。母亲黄逸梵为了她的学业，特意从国外回来，她还建议爱玲去国外留学。母亲的归来，带给了阴霾中的爱玲一抹温情的暖阳。她的眼角眉梢，不由得流溢出快乐来。父亲和继母，都发觉了这一点。他们心底便不能抑制地生出愤愤来——这么些年，都是他们拿出钱来供她吃穿读书的，到头来，这女儿不领情，却还向着她母亲？

所以，当黄逸梵托人找张志沂谈关于爱玲留学的事情时，张志沂故意避而不见。不得已，爱玲只能自己来提。可是，当她站在父亲的烟榻前期期艾艾地说出学费的请求时，遭到了父亲的一番痛骂，骂她崇洋媚外，听外人的调唆。孙用蕃则在一旁煽风点火地骂："你母亲离了婚还要干涉你们家的事。既然放不下这里，为什么不回来？可惜迟了一步，回来只好做姨太太！"

见此阵势，爱玲只好望风而逃。

此时，恰逢舅舅家从芜湖搬到淮海中路的伟大饭店住，母亲也住在那里。失落的爱玲便借口炮声终夜，睡不着觉，和父亲商量到姑姑家住些日子。张志沂知道所谓去姑姑那里其实便是去母亲那里，最后还是无可无不可地点了头。

然而，当与母亲同住两个礼拜的爱玲回家后，便遭到孙用蕃的一番痛骂，她挑衅地问道："怎么你走了也不在我跟前说一声？"

爱玲回答："跟父亲说过了。"

孙用蕃冷笑一声，高声说："噢，对父亲说了！你眼睛里哪儿还有我呢？"刷地便给了爱玲一个嘴巴。

爱玲本能地要还手，孙用蕃却已经利落地转身，尖叫着奔上楼去，嘴里还嚷嚷着向张志沂告状："她打我！她打我！"

之后的情节前面都已经说过。

就这样，被父亲暴打了一顿的爱玲，被冷酷地扔到一间年久阴暗的小黑屋里，一关就是半年。小黑屋在一楼，窗外种满了树，繁茂的树叶将阳光都遮住了，只影影绰绰地从树叶的间隙里漏出一些光亮来。爱玲看着那些随风蹿动的光亮，如同看一场场鬼魅的魔舞。

日头之下，她一个人寂冷着。

不眠之夜里，她纵目四望，只觉暗黑的屋子里到处都潜藏着静静的杀机，随时都似要将她吞噬一般。

在阴暗里，爱玲不幸得了痢疾病。上吐下泻，浑身无力，风一吹就倒。

死，第一次离她这么近。

心疼她的何干，偷偷打了电话给她舅舅。第二天，舅舅约了姑姑一起来上门替她求情。张志沂臭着一张脸，不予搭理。孙用蕃伺机调唆，三言两语下就调唆着两兄妹动起手来。激烈争吵中，张志沂抓起烟枪向张茂渊扔去。张茂渊的眼镜被打碎了，脸上皮也被擦破了，流了好多的血。张茂渊因此懊恼，对张志沂赌咒发誓说："我以后再也不踏进你家的门！"

兄妹反目，爱玲自是没能被解救出来。

所幸何干待爱玲如心头肉，疼惜爱护她，不惜冒着被打的危险，去求张志沂看在父女的分上为爱玲治好了痢疾。

几经折磨，仿似死过一回的爱玲终于好了。然而，这一场病痛，却让她下了决心——她生在这屋子里，绝不能死在这屋子里。

于是，她决定出逃。

那一天：

> 隆冬的晚上，伏在窗子上用望远镜看清楚了黑路上没有人，挨着墙一步步摸到铁门边，拔出门闩，开了门，把望远镜放在牛奶箱上，闪身出去。——当真立在人行道上

了！没有风，只是阴历年左近的寂寂的冷，街灯下只看见一片寒灰，但是多么可亲的世界呵！我在街沿急急走着，每一脚踏在地上都是一个响亮的吻。而且我在距家不远的地方和一个黄包车夫讲起价钱来了——我真的高兴我还没忘了怎么还价。真是发了疯呀！随时可以重新被抓进去。事过境迁，方才觉得那惊险中的滑稽。(张爱玲：《私语》)

这一年，爱玲十八岁。

爱丁顿公寓

1

逃出去的爱玲，来到了爱丁顿公寓。这是母亲的家。

此后，也是她和姑姑租住多年的家。

这座位于上海静安寺路的，让胡兰成觉得“兵气纵横”、“现代的新鲜明亮几乎带刺激性”、“华贵到使我不安”的公寓，对离家出逃的爱玲而言，是那样的温暖。

明净敞亮的客厅，温馨精致的卧房，典雅清爽的书房，嵌着明晃瓷砖的洗手间，有着煤气炉子的厨房，以及宽大的阳台和阳台上的玻璃门，哪一样都让爱玲看之心生欢喜。

这，是与那个氤氲着腐朽味道的父亲的家不一样的充满温情的家。

她爱极了这个家。

爱玲在《公寓生活记趣》中，描述了它的种种妙趣：

公寓是最合理想的逃世的地方。厌倦了大都会的人们往往记挂着和平幽静的乡村，心心念念盼望着有一天能够告老归田，养蜂种菜，享点清福。殊不知在乡下多买半斤腊肉便要引起许多闲言闲语，而在公寓房子的最上层你就是站在窗前换衣服也不妨事。

自从煤贵了之后，热水汀早成了纯粹的装饰品……梅雨时节，……门前积水最深。街道上完全干了。我们还得花钱雇黄包车渡过那白茫茫的护城河……屋顶花园里常常有孩子们溜冰，咕滋咕滋挫过来又挫过去，……听得我们一粒粒牙齿在牙龈里发酵如同青石榴的子，剔一剔便会掉下来。

下了一黄昏的雨，出去的时候忘了关窗户，回来一开门，一房的风声雨味，放眼望去，是碧蓝的潇潇的夜。

我在看这些文字时忍不住心生羡慕之情。

趋身前去爱玲的旧居，是在暮春时节。晨曦拂晓时，我看到有装扮入时的女子在那旧居前热闹地留影。应是和我一般的“张迷”。

公寓的大门是虚掩的，大门边上挂了个大理石的牌子，上面写着“张爱玲故居”几个猩红大字。推门而入，楼道间弥漫着老房子特有的霉味，老式的奥斯汀电梯，依稀仿佛间，我看到那个穿着旗袍旖旎而过的爱玲。

关于她的故事，依然继续。而我的思绪，亦回到 20 世纪 30 年代末 40 年代初的上海滩。

在那座位于静安寺路整日有电车叮当穿梭而过的爱丁顿公寓里，有爱玲和母亲黄逸梵以及姑姑张茂渊生活的带着温度的痕迹。

对于爱玲而言，和母亲生活的那段时光太珍贵了。要不，她不会写了那么多文章从不同的角度来记录那些有着母亲气息的公寓生活。且看她笔触下的那些温情场景：

> 在上海我跟我母亲住的一个时期，每天都到对街我舅舅家去吃饭，带一碗菜去。苋菜上市的季节，我总是捧着一碗乌油油紫红夹墨绿丝的苋菜，里面一颗颗肥白的蒜瓣染成浅粉红。在天光下过街，像捧着一盆常见的不知名的西洋盆栽，小粉红花，斑斑点点暗红苔绿相同的锯齿边大尖叶子，朱翠离披，不过这花不香，没有热乎乎的苋菜香。

> 在上海我们家隔壁就是战时天津新搬来的起士林咖啡馆，每天黎明制面包，拉起嗅觉的警报，一股喷香的浩然之气破空而来，有长风万里之势，而又是最软性的闹钟……只有他家有一种方角德国面包，外皮相当厚而脆，中间微湿，是普通面包中的极品，与美国加了防腐剂的软绵绵的枕头面

包不可同日而语。我姑姑说可以不抹黄油，白吃……

我母亲从前有亲戚带蛤蟆酥给她，总是非常高兴。那是一种半空心的脆饼，微甜，差不多有巴掌大，状近肥短的梯形，上面芝麻撒在苔绿底子上，绿阴阴的正是一只青蛙的印象派画像。那绿绒倒就是海藻粉。想必总是沿海省份的土产，也没有包装，拿来装在空饼干筒里。我从来没在别处听见说有这样东西。

如是等等，数不胜数。

生活，有了前所未有的新意。从前在父亲家时，从未做过家务，亦没搭过公车。如今，一切从头学起，洗衣、做饭、买菜、搭公车……却在这样的学习中自娱自乐着。

某次，她将洗好的菠菜倒进油锅后，有一两片碎叶子粘在箩篓底上。倒进去的菠菜在油锅里已经塌成一片，她却不急着去翻动，而是饶有兴趣地把箩篓迎着亮举起来，欣赏那翠生生的叶子在竹片编成的方格子上招展，并笑着问母亲：像不像是开在篱上的扁豆花？

诸如此类温馨的场景，数不胜数。

这样的生活，真是好。

那时整个世界都在动荡、破坏中，因为在母亲和姑姑的身边，小小的公寓里却是安宁、温馨的。

2

只是久了，一切都变得不复柔和。

心气高的母亲黄逸梵，原是要将女儿爱玲打造成一个德、才、交际能力俱佳的西式淑女。当初，那样拼却力量地送她到圣玛利亚女校读书，亦是出于这个目的。

然而，在与少女时代的爱玲生活了一段时间后，她失望地发现，爱玲离她想塑造的西式淑女太远。少女时期的爱玲，在日常生活和待人接物方面表现出惊人的幼稚，常常让她惊得下巴都合不上。

她曾不厌其烦地叮嘱她、指点她：走路不能横冲直撞，要看路；说话时不能直勾勾地看着人家的眼睛，不能东张西望，要看着对方的鼻尖或眉心；记得点灯后拉上窗帘，不能不分场合地忽然无缘无故地大笑；平时多照着镜子研究面部神态，不要总是皱眉或低头；若是没有幽默感，就不要学别人那样说笑话……

可是，虽然她这般苦口婆心，爱玲依然还是那个愚笨得令她失望的爱玲：她还是学不会削苹果；还是害怕见生人；尝试过许多次织毛线之类的女红，最后还是失败；在一个房里住了两年，还是不知道电铃在哪里；连着三个月乘着黄包车去医院打针，还是无法认得回来的路……

黄逸梵忍不住叹息："我懊恼从前小心看护你的伤寒症。我宁愿看你死，不愿看你活着使自己处处受痛苦。"

爱玲羞愧起来，意识到自己是那"现实社会里一等一的废物"，开始担心母亲会放弃自己了。这，让她在母亲的家里有了前所未有的尴尬和不安。

爱玲正好处于一个升学的关键时刻了，在那时，有一个约定俗成的观念，就是女孩子中学毕业要继续上大学，先不一定立刻去读，而是：一种，找个合适的婆家结婚，由夫家出一笔钱来资助上学，毕业了再生儿育女；另一种是先工作着，等有一定的经济基础后再继续上学。

不过，这两种选择都不适合爱玲。

早在圣玛利亚女校时，爱玲就因一个要好的亦十分有才情的女同学张如瑾的嫁人，而懊恼地在毕业留言簿“最怕”一栏中填上“一个天才的女人忽然结了婚”。由此可见，婚姻于爱玲而言绝不可能。

至于工作呢，对于在生活上如此弱智，动不动就说“我又忘啦”的爱玲而言，更是不可能。要知道，那时中学毕业生能找的工作，无非是女书记员、女招待员或女店员，这些工作虽不用很操心却需要细致耐心，对于生活能力如此弱的爱玲显然不合适。

不愿嫁人，亦不合适工作的爱玲，便只有一个选择了，那就是继续上学。可是，这需要一笔相当不菲的学费，父亲张志沂是断不可能拿出这份钱来的，而母亲此时亦不宽裕。

她已经有了位美国男朋友，做皮件生意的，正和母亲商量着去新加坡搜集马来西亚鳄鱼皮，来加工制造上好的手袋、腰带，需要一大笔本钱。

而此时姑姑投资股票失利，汽车卖了，司机和佣人也辞掉了。

这些，都让爱玲愈发不安，她不知道该如何张口向母亲伸手要那么一笔巨额的学费。她在《童言无忌》中写下那时忐忑的心境：

“问母亲要钱，起初是亲切有味的事，因为我一直是用一种罗曼蒂克的爱来爱着我母亲的……可是后来，在她的窘境中三天两天伸手问她拿钱，为她的脾气磨难着，为自己的忘恩负义磨难着，那些琐屑的难堪，一点点地毁了我的爱。”

不过，无论爱玲如何忐忑不安，一向凉薄的黄逸梵待她仍是不薄。在那样的境况下，她肯拿出一笔丰厚的钱来请犹太裔的英国老师为她补习，好让她能够顺利参加伦敦大学远东区的考试。要知道，每个小时的补习费是五美元，多么“奢侈”呀！

这样，更是让爱玲每每去补习时都心惊肉跳。后来，她在《私语》中如是描述那心境：

> 我补书预备考伦敦大学。在父亲家里孤独惯了，骤然想学做人，而且是在窘境中做“淑女”，非常感到困难。同时看得出我母亲是为我牺牲了许多，而且一直在怀疑着我是否值得这些牺牲。我也怀疑着。常常我一个人在公寓的屋顶阳台上转来转去。西班牙式的白墙在蓝天上割出断然的条与块。仰脸向着当头的烈日，我觉得我是赤裸裸地站在天底下了，被裁判着像一切的惶惑的未成年的人，困于过度的自夸与自鄙。这时候，母亲的家不复是柔和的了。

香港的岁月

1

我做了个梦，梦见我又到香港去了，船到的时候是深夜，而且下大雨。我狼狈地拎着箱子上山，管理宿舍的天主教尼僧，我又不敢惊醒她们，只得在黑漆漆的门洞子里过夜。（也不知为什么我要把自己刻画得这么可怜，她们何至于这样地苛待我。）风向一变，冷雨大点大点扫进来，我把一双脚直缩直缩，还是没处躲。忽然听见汽车喇叭响，来了阔客，一个施主太太带了女儿，才考进大学，以后要住读的。汽车夫砰砰拍门，宿舍里顿时灯火辉煌。我趁乱向里一钻，看见舍监，我像见晚娘似的，赔笑上前称了一声“Sister”。她淡淡地点了点头，说：“你也来了？”我也没有多寒暄，径自上楼，找到自己的房间，梦到这里为止。第二天我告诉姑姑，一面说，渐渐涨红了脸，满眼含泪；后来在电话上告诉一个朋友，又哭了；在一封信里提到这个梦，写到这里又哭了。简直可笑——我自从长大自立之后实在难得掉眼泪的。

这是爱玲对香港的深刻记忆。

1939 年，因为战争的缘由，以远东地区第一名的优异成绩考入伦敦大学的爱玲，不得不放弃英国，而拿着同一张成绩单来到香港大学，开始她港大的生活。

那一年，十九岁的爱玲，瘦、高，戴着玳瑁眼镜，穿着一袭素色的布旗袍，拎着母亲出洋时用的旧皮箱，只身赴香港。接她的李开弟说，那时的爱玲是个神情严肃、沉默寡言的青涩少女。

对于香港，她这个做了这个城市三年过客的人，印象却深刻非常。曾经，她将自己初到香港的印象，写在了那部《倾城之恋》里："望过去最触目的便是码头上围列着的巨型广告牌，红的，橘红的，粉红的，倒映在绿油油的海水里，一条条，一抹抹刺激性的犯冲的色素，蹿上落下，在水底下厮杀得异常热闹。"

这座海市蜃楼般的繁华城市，于爱玲而言，这般印象深刻，皆在于它给了她三年干净利落自由自在的生活。

香港大学，位于半山腰的一座法国修道院内。

在这所大学里，爱玲灰色的世界里有了别样的色彩。她恣意地在这里学习，恣意在这里酝酿、积累着自己的文学故事——后来，那路两旁盛开着如火如荼野花的半山，便成了爱玲小说里的重要背景：葛薇龙姑姑的家，就是半山别墅，乔琪的车从山下一路开上来，葛薇龙等在开得如火如荼的野花旁，等着他回头；愫细同罗杰闹翻了，从半山一路跑下来；言子夜的住宅，亦在半山；范柳原为白流苏租的房子，也在半山。

不过，这个崭新的、有着生命力的学校，带给爱玲的却也不全然都是好的，亦有伤感的东西在的。

那时，在这所学校就读的学生，多都是来自东南亚的华侨富商家的女儿，就算是本地的女孩子也多都家境优越。这些阔小姐，皆是挥金如土、眼高于顶的。讲究吃亦讲究穿，至于社交活动更是多得如午夜繁星般。爱玲因靠母亲养活，与她们的贵气自是没办法相比。

于是，她从不参加任何社交活动，免得在学费膳宿买书费用外再有开支。

于是，为打发业余时间，她去得最多的地方是图书馆。那也是她最喜欢的地方，那一排排乌木长台和影沉沉的书架子，亦是她感情的储藏地。在那里，她愉悦地度过了那悠长的岁月，并在那些熏满书香的书卷中，历练出自己特有的笃定与安宁。

但总会有与愿相违的事情发生。

那日，同宿舍的女孩周妙儿邀请全班同学去家里做客，来庆祝父亲在买下的整座离岛上建造了富丽堂皇的别墅。不过，去那里要自租小轮船才成，如此来回每个人得摊分上十几块的船钱。爱玲为了省下这十几块钱，便向修女请求不去。可是，修女非得追究是什么原因，不得已，爱玲便从父母离异、被迫离家出走说起，一直说到母亲送她进大学的苦楚。说得是十分羞窘。

谁知，那修女如此刨根问底一番，却不能做主，回头又去请示了修道院院长。最后闹得人尽皆知。

爱玲因此大丢面子。唯有以奋发苦读雪耻。

功夫不负有心人，年终考时，她每门功课都取得第一。同年，《西风》杂志为创刊三周年而举办的征文比赛，她以那篇著名的散文《我的天才梦》，获得了名誉奖第三名。第二年，她还拿下了港大文科二年级的两个奖学金。一位英国籍教授不由得惊叹：

“教书十几年，从未有人考过这么高的分数！”

这样的出类拔萃，校方因此减免了她的学费、膳宿费，并承诺等毕业后免费保送她到牛津大学深造。

同学们也渐渐忘记了她的贫穷，对她赞叹不已。

港大生活，因此有了更多温暖的新意。

2

在爱玲所有记述现实生活的文字里，我最喜欢看关于炎樱的部分。因为，那些文字里有暖情的东西，并让我为爱玲逢着一个这样的知己而高兴。在爱玲一生遇到的女性中，炎樱的重要性仅次于母亲和姑姑。

炎樱，原名法蒂玛·莫烯甸，锡兰人（今斯里兰卡）。她是个混血儿，父亲锡兰人，母亲天津人，家里在上海经营一家珠宝店。

炎樱，是爱玲为她起的中文名字。

这个混血女孩是美的：瓜子脸，丹凤眼，皮肤褐黑，一张轮廓鲜明的脸上嵌着一双澄清的黑眼珠，身材亦是娇小而丰满的，是有着初生婴儿般习性的可爱女子。

天真的炎樱，如同一个活宝活跃在爱玲身边。她和爱玲一起逛街、看电影、买零食；和爱玲一起分享购买的乐趣：她喜欢买东西时抹掉一些零头。于是，便会动用她讨价还价的可爱方式，她翻开兜叫店主看她所有的钱，并一一数落给他听：“你看，没有了，真的，全在这儿了。还多下二十块钱，我们还要吃茶去呢。专门为吃茶来的，原没有想到要买东西，后来看见你们这儿的货色实在好……”店主，被她这孩子气的讨价方式给说心软了，于是说：“就这样罢。不然是不行的，但是为了吃茶的缘故……”并且还热心地指给她，附近哪一家茶室的蛋糕最好吃。

炎樱亦风趣、有才情，常常会妙语连篇，时不时就会迸出一两句语录来，譬如：报上登出加拿大一胎五孩的新闻，她便如是评论：“一加一等于二，但是在加拿大，一加一等于五”；看到花间有蝶飞过，她便说：“每一个蝴蝶都是从前的一朵花的鬼魂，回来寻找它自己。”

如是种种，总是让爱玲击掌叫绝。后来，爱玲还专门为她写了一本《炎樱语录》，来收录她那些惊艳的话。

炎樱亦胆大、勇敢。她曾在作文上如是写下：“两个头总比一个好——在枕上”。让看卷子的教授为之瞠目结舌。还有，在欧战爆发，香港被轰炸时，当飞机在天上嗡嗡飞着的时候，她还兴致勃勃地一个人偷偷跑去城里看五彩卡通电影，回来后还独自跑到楼上洗澡。流弹打碎了浴室的玻璃窗，她却仍在浴盆里从容地泼水唱歌呢。惊慌的舍监一顿怒叱：“你这个笨蛋！疯子！你给我从淋浴间里马上出来！”而她这边厢却慢条斯理地回答：“带着肥皂泡泡吗？”引得在舍监身边的爱玲，不由得低着头用力忍着笑。

这样的女子，无疑是独一无二、特立独行的。与爱玲的“遗世独立”，“独树一帜”般地匹配着。这样的两个“独”人，融汇在一起便成了“双”。由此，爱玲写了那篇《双声》。

她们俩走在一起，一个高而窈窕，是“鹭鸶”；一个矮而腴丽，像“香扇坠儿”。从外形上已经相映成趣，再一唱一和地说起话来，便成了一幅令人心怡的妙趣横生的好画面。

生性寡淡的爱玲，在港大的生活因着炎樱而拥有了她一生中都至为稀有的单纯的快乐。有人说，“爱玲遇到炎樱是一种圆满”。

诚如斯言。我看到香港沦陷后，炎樱依然拉着爱玲满街寻找冰激凌和唇膏。那时，她们每撞进一家食店都会去问可有冰激凌，只要有一家答应说明天下午或许有，第二天肯定会步行十来里路去践约。这，完全是一种自得其乐的消遣。因为昂贵的冰激凌并不好吃，里面全都是吱咯吱咯的冰屑子。爱玲亦学会了这种自娱的消遣，她曾如是写道：“从那时候起我学会了怎样把买东西当作一件消遣。街上摆满了摊子，卖胭脂、西药、罐头牛羊肉，抢来的西装、绒线衫，蕾丝窗帘，雕花玻璃器皿，整匹的呢绒。”

除了买东西、逛街外，她们还有一个共同爱好，喜欢自己设计衣服。那时，爱玲一口气拿到两个奖学金，总额达二十五英镑，在当时的香港已经超过大部分人一年的收入了。爱玲自觉为母亲省了一点钱，于是便大胆地挥霍了一次来奖励自己。她为自己买了点衣料，回来亲自动手设计了几套“奇装异服”，大穿特穿了起来。

而炎樱也不“示弱”，找出母亲的一条紫红色大围巾，把两头绞下来缝成了一件毛绒背心：宽肩，掐腰，齐腰一排三四寸长的流苏。穿在她娇小圆润的身材上，煞是好看。

穿着这样别出新意的“奇装异服”的两人，走在街上，的确成了一道回头率超高的风景。

胡兰成在《今生今世》里，曾有闲闲的一笔："爱玲从来不牵愁惹恨，要就是大哭一场，她告诉我有过两回，一回是她十岁前后，为一个男人，但我记不得是爱玲讨厌他或喜欢他而失意，就大哭起来。又一回是在香港大学读书时，一年放暑假，仿佛是因炎樱没有等她就回上海家去了，她平时原不想家，这次却倒在床上大哭大喊的不可开交。"

但人与人相聚，终有一别，爱玲和炎樱亦如是。那年，港大迫于战事不得不停办。离开学校的二人，不得不分别。之后，她们断续间相聚，虽然长时间都处于别离的状态，但是她们之间的那份浓郁的情分，从未因为距离、时间而消减过。

3

在港大学习的第三年，一场战事，将爱玲的校园和通往牛津大学的梦想之路，统统粉碎。

那是 1941 年 12 月 8 日。太平洋战争爆发，炮弹的火焰也蔓延到香港。

当炮弹一声接一声，飞机一架接一架，炸弹一颗接一颗地此起彼伏时，老百姓拖儿带女地号哭着，躲避着，奔走着……港大学生们，却盲目而轻狂地开心着。因为大考在即，一颗炸弹丢来，大家总算不用挑灯苦读了。

爱玲在《烬余录》中，曾不无幽默地将那时同学的众生相给描绘下来：

——有个宿舍的女同学，是有钱的华侨，非常讲究穿……初得到开战的消息时，最直接的焦虑是："怎么办呢？没有适当的衣服穿！"后来她借到了一件宽大的黑色棉袍，大概以为这比较具有战争的庄严气氛；

——艾芙林，从中国内地来的，身经百战，据她自己说是吃苦耐劳，担惊受怕惯了的。可是学校邻近的军事要塞被轰炸的时候，她第一个受不住，歇斯底里地大哭大闹着，还说了许多发生在内地可怕的战争故事，把旁边的女学生吓得面无血色。

——月女，是从修道院学校出来的，非常秀丽，洁白的圆圆的脸，身材微丰，胸前时常挂着个小银十字架，见了人便含笑鞠躬，非常多礼。……她常常会想到被强奸的可能，整日整夜地想，弄得脸色惨白浮肿。可是，有一个时期，大家都深居简出不敢露面时，她却一个人倚在阳台上看排队的兵走过，还大惊小怪地叫大家一起过来看。

爱玲，在炮火下还不忘读书。

那时，港大规定停止办公，本地的学生归家，异地的学生只有参加守城的工作才能解决吃住。于是，爱玲便跟着一大批同学去报了名，做了一名临时的防空团员，却并不懂得"防空员"到底该做些什么，人家跑，她也跟着跑。后来，偶然间发现了一部《醒世姻缘传》，便不管不顾地看了起来，房顶上一颗颗炸弹轰然落下，她却只想：至少等我看完了吧。

十八天后，围城结束，战事息。

然而短短的十八天，却漫长恍如一个世纪。爱玲，亦在这战事里看尽了乱世里波澜壮阔的荒凉。她曾在围城里待了十八天，缺吃少喝，没有被褥，晚上盖报纸，垫着大本的画报入睡。身旁不时传来受伤人的呻吟——“妈妈呀……”；多愁的同学还会拉长音朗诵——“家，甜蜜的家”。港大生中，有不少学生殉难，教员中亦有人殉职。在炮火、病痛、饥饿、死亡中，爱玲真切地看到了直抵灵魂核心的荒凉，那冷飕飕、无能为力的荒凉。

她在《烬余录》中写道：“围城的十八天里，谁都有那种凌晨四点钟的难挨的感觉——寒噤的黎明，什么都是模糊，瑟缩，靠不住。回不了家，等回去了，也许家已经不存在了。房子可以毁掉，钱转眼可以成废纸，人可以死，自己更是朝不保夕。像唐诗上的‘凄凄去亲爱，泛泛入烟雾’，可是那到底不像这里的无牵无挂的虚空与绝望。人们受不了这个，急于攀住一点踏实的东西，因而结婚了。”

我知道，这段精凿的话亦解释了白流苏和范柳原故事的源头。

忽地就想起《倾城之恋》中的那段荒凉的文字来：

在这动荡的世界里，钱财、地产、天长地久的一切，全不可靠了。靠得住的只有她腔子里的这口气，还有睡在她身边的这个人。她突然爬到柳原身边，隔着他的棉被，拥抱着他。他从被窝里伸出手来握住她的手。他们把彼此看得透明透亮。仅仅是这一刹那的彻底的谅解，然而这一刹那够使他们在一起和谐地活个十年八年。

只是，现实里，她无法给予自己如此美好的安定。

战事虽然结束，但是她那颗悬了十八个昼夜的心却找不到踏实的落脚点了。她将这种惶惶的心境写在了《烬余录》中：

> 到底仗打完了。乍一停，很有一点弄不惯，和平反而使人心乱，像喝醉酒似的。看见青天上的飞机，知道我们尽管仰着脸欣赏它而不至于有炸弹落在头上，单为这一点便觉得它很可爱。冬天的树，凄迷稀薄像淡黄的云；自来水管子流出来的清水，电灯光，街头的热闹，这些又是我们的了。第一，时间又是我们的了——白天，黑夜，一年四季——我们暂时可以活下去了，怎不叫人欢喜得发疯呢？

发疯？她的灵魂是真的抵达那些荒凉以及冷漠、残酷了。生死于她看来已经寻常，无谁可逆转。人之存于世，便皆是孤独了的。

战事结束，即便在战乱中大难不死，便也没有安稳的去处了。短短的十八天，昔日繁闹的港大校区已经荒废，港大学校就此停办。爱玲的港大岁月不得不结束了。

有些仓促，有些始料未及。

三年光阴，若白驹过隙，一切美好愿景，亦全部破碎。

少女爱玲，在这转折中变得愈发冷漠、孤傲了。

“想要的，永远在手心之外”。我忘记是谁说过的话了，但是，却觉得对爱玲而言，是贴切得很。

出名要趁早

1

1942年5月，爱玲和炎樱一起坐船回到了上海。

三年，时间不长，但那场战事却让爱玲品尝到了沧桑。所幸，她依然青春年少。在姑姑张茂渊和弟弟张子静的眼中，爱玲改变了许多，她已长发披肩，更加高挑清瘦，衣着亦时尚，气质已修炼而成。

仍旧住在爱丁顿公寓，只是从原先的五楼搬到了六楼。此时母亲已经去了新加坡，姑姑的家便成了她在上海的栖息处。房间由姑姑亲自装饰，依然温馨洋派，客厅的壁炉、落地灯、沙发，都有一种让人忘记时光的舒适感。站在阳台上，可望到不远处歌舞升平的百乐门，还可以鸟瞰全城。电车仍还是昼夜叮当响着，亦可以在每早里，闻着咖啡馆的面包香起床。

这种公寓生活，依然是爱玲喜欢的。

她在《私语》里，这样描述：“现在我寄住在旧梦里，在旧梦里做着新的梦。阳台上看见毛毛的黄月亮。古代的夜里有更鼓，现在有卖馄饨的梆子，千年来无数人的梦的拍板：‘托，托，托，托’——可爱又可哀的年月呵！”

然而，仍是有烦恼的。

她还是想继续学业。在港大因为战事的原因没能毕业，爱玲便想转到上海的圣约翰大学把学业完成，拿一纸文凭总算是对自己漫长的学习生涯有个交代。只是，此时姑姑亦过得清贫。上海沦陷后，一直在英商怡和洋行做事的姑姑和一千多名在华员工一起被裁掉，她转去电台工作了一段时间后，又改在大光明戏院做翻译。几经周折，手头亦没什么积蓄，而且也很不稳定。本来一个人生活也还足够，但是要是在承担了爱玲生活费之外，再承担爱玲的学费的话，断是不够的。

本就赤手空拳地来投奔，已经很是拖累姑姑了，爱玲是怎么也张不开口再闹着上学，多加一笔学费的负担给姑姑了。

恰巧，弟弟张子静来看望回上海的爱玲。

他正为考上复旦大学中文系又因太平洋战事复旦停课而不知所从，听到姐姐想去圣约翰大学的想法，便也决定去考圣约翰大学，并承诺为姐姐向父亲争取学费。

弟弟为能够和姐姐在一个大学上学而雀跃着。一回家，便与父亲商议姐姐的学费问题。张志沂虽然气爱玲离家出走，也没能忘却爱玲的背叛，却为着当年殴打、软禁爱玲的事情懊悔着。不知出于何种缘由，最后，他还是答应了，尽管此时的张公馆已经不再富裕。他们一家早已搬出了原来气派的老宅，住进了一座小洋房里。光景，是真的一年不如一年了。

他答应了给爱玲学费，但是，他要求爱玲亲自来取。

为了学费，爱玲终究还是低下了头，走进了那座对她而言陌生至极的家。这是他们父女反目后第一次见面，亦是他们一生中的最后一次见面。

整个见面过程不足十分钟。

爱玲始终木着一张脸，一点笑容也无。张志沂亦木着一张脸，叫她先去报名考转学，学费会叫弟弟给她送过去的。

然后，她便走了。

自始至终，他们之间不见温情。我想，在这次见面之前，他们都是设想过和解的，一个为了赎罪，一个为了释怀，他们寄希望于这次见面。然而，最后谁都没法做到。她自从父亲的囚室里逃走后，那记忆便被锁进到心的内里，想与不想，都梗在那里；而他经年不见前妻黄逸梵，但是却还能从女儿的脸上读到她的神情、气息，于是乎，那种不甘心就不自禁地直往体外翻滚而出。

说白了，他们血脉相系，是同一类人——便，谁都做不到遗忘，做不到真正的超脱。

这一次见面后，他们之间的亲情亦随缘灭绝。

同年秋天，爱玲顺利转入圣约翰大学文学系四年级，张子静亦进入经济系一年级。

最令爱玲欢喜的是，炎樱也转入圣约翰大学。她们又若港大时那般出双入对着，一起逛街、看电影、买零食。时不时聚在姑姑家，三个女人一台戏，好生热闹。

生活，遂又进入一段令人欢欣的好时光。

2

爱玲在《私语》中说，“乱世的人，得过且过，没有真正的家。然而我对于我姑姑的家却有一种天长地久的感觉”。

可见，那时的爱玲是多么的知足。

在圣约翰大学就读的爱玲，为了不给姑姑带来负担，更不愿再向父亲乞讨，便萌生了卖文为生的念头。她开始在《泰晤士报》上发表剧评和影评的文章，偶尔也给其他刊物写些关于服装和时尚的稿件。其中有一篇发表在《二十世纪》杂志上的 *Chinese Life and Fashion*（《中国人的生活与服装》），后被译成中文在《古今》杂志上发表，改名为《更衣记》，篇幅有八页之多，并附有她自己亲绘的十二幅关于发型和服装的插画。

当年的英文杂志《二十世纪》的主编梅涅特，对她的这篇出手不凡的长文甚是称赞，并为之震撼，他言“她有能力向外国人诠释中国人”，并夸她是“极有前途的青年天才”。

用英文写作，以影剧评论为开端，爱玲真正踏上了漫漫文学之路。

看过她的同学刘金川在《万象》上发表的一篇《我所知道的张爱玲》，即可知道 1942 年在上海圣约翰大学念书时的爱玲已经出名了。

只是，生活往往不会尽如人意。在圣约翰大学待了两个多月的爱玲，选择了休学。

关于休学的原因，我想从张子静写的《我的姐姐张爱玲》中，可以窥知一二：张爱玲将圣约翰古板的教学方式与香港大学做比较，认为“与其浪费时间到学校上课，还不如到图书馆借几本好书回家自己读”；后来又无奈地说，辍学最重要的原因是钱的困扰。她想早点赚钱，经济自立。

我知道，最主要的原因，还是她不愿意再向父亲伸手。虽然父亲给了学费，但是日常开销仍是一笔不小的数目，而那时的姑姑依然拮据，爱玲自是不愿让姑姑为难的。

写稿毕竟是费精力的事儿。

写作，从此成了爱玲一生的职业。

她自己曾说：“我生来就是写小说的人”；她又说：“苦虽苦一点，我喜欢我的职业”。

凡是写作的人，都知道这份职业是多么的寂寞，因为无人相伴，昏天黑地里，只一个人在各式的情节里奋战。直到奋战结束后，才有观众。而自己早已退场。

然而，爱玲却不觉寂寞，她生来即为文字而活。寂寞，似乎入不了她的心。她寂寞惯了，或者说她根本忘了寂寞。在她眼里、心里，什么都是“值得一看的”：夏天房里下着帘子，龙须草席上堆着一叠旧睡衣折得齐齐整整的，翠蓝夏布衫，青绸裤，翠蓝与青在一起便有了一种森森细细的美；浴室里的灯新加了防控罩，青黑的灯光照在浴缸面盆上，一切都冷冷的，白里发青发黑，镀上一层新的润滑，就此变得简单了，从门外望进去，完全像一张现代派的图画，她觉得如此新奇和喜悦，仿佛爱丽丝走入了仙境；

晚上灯下看书，离家不远的军营里会有喇叭吹起熟悉的调子，楼下小孩子捡起那喇叭的调子吹起口哨，她听着是如此的欢喜，仿佛乱世中逢到了知己……

还有，她那个曾经鼎盛而后衰败的家族，及那些在她生命里经过的人和事，在她的眼里也有了别样的新意。

就这样，在那座日后被无数“张迷”探访过的爱丁顿公寓里，怀揣着如此新意的爱玲开始了她至为美妙的写作路程。

3

那时，文坛正寂寞。

上海沦陷的好几年里，茅盾、巴金、老舍、张恨水之类的大家，已渐渐隐身匿迹。

爱玲在这时，以一部别具风格的《沉香屑》，在寂寞的文坛里激起了新的浪花。

在“请您寻出家传的霉绿斑斓的铜香炉，点上一炉沉香屑，听我说一支战前香港的故事。您这一炉沉香屑点完了，我的故事也该完了”中，爱玲那缕袅袅升起的沉香屑，即刻便将万千读者带入她的幻境。

那一年，她二十三岁。

年轻，飞扬，才思泉涌，若一朵恣意的魅惑的罂粟，神秘娇艳地立于那时的文坛。而她这个人，更如同她笔下的杜鹃花，“那灼灼的红色，一路摧枯拉朽烧下山坡子去了”，是从墙里烧到了墙外，直至烧红了整个上海“孤岛”的天空。

接下来，爱玲的佳作便似枝头繁花，争奇斗艳。

上海文坛的1943、1944这两年被称为“张爱玲年”。《第一炉香》还未连载完，《第二炉香》即起。接着是小说《茉莉香片》、《心经》、《倾城之恋》、《琉璃瓦》、《封锁》、《金锁记》；散文《散戏》、《更衣记》、《烬余录》、《炎樱语录》、《公寓生活记趣》等。

与她相交颇深的柯灵曾如是说：“张爱玲在写作上很快登上灿烂的高峰，同时转眼间红遍上海。”

他亦说道：

> ……我扳着指头算来算去，偌大的文坛，哪个阶段都安放不下一个张爱玲；上海沦陷，才给了她机会。
>
> 日本侵略者和汪精卫政权把新文学传统一刀切断了，只要不反对他们，有点文学艺术粉饰太平，求之不得，给他们什么，当然是毫不计较的。天高皇帝远，这就给张爱玲提供了大显身手的舞台。抗战胜利以后，兵荒马乱，剑拔弩张，文学本身已经成为可有可无，更没有曹七巧、流苏一流人物的立足之地了。张爱玲的文学生涯，辉煌鼎盛的时期只有两年（1943—1945），是命中注定：千载一时，“过了这村，没有那店”。幸与不幸，难说得很。

我喜欢的那个以言辞犀利、冷艳、诡异、精辟著称的香港女作家李碧华，亦说道：“文坛寂寞得恐怖，只出一位这样的女子（爱玲）。”

也许李碧华这话更接近实质，无论是什么样的时候，爱玲这样的女子，只出了一位。

她的文字是这般直抵人心。

看她在小说《倾城之恋》中写道：“他不过是一个自私的男子，她不过是一个自私的女人。在这兵荒马乱的时代，个人主义者是无处容身的，可是总有地方容得下一对平凡的夫妻。”

再看她在《红玫瑰与白玫瑰》中写：“娶了红玫瑰，久而久之，红的变了墙上的一抹蚊子血，白的还是‘床前明月光’；娶了白玫瑰，白的便是衣服上的一粒饭黏子，红的却是心口上一颗朱砂痣。”

这样的妙笔生花，这样的直抵人心，试问，谁能与之比拟！

少年时代的天才梦，终于在风华正茂的岁月里实现了。

我想，彼时的爱玲应是喜悦的。但历经岁月沧桑，心底仍还是有了些小感伤。且看她在《传奇》序言中这样的表达：

> 呵，出名要趁早呀！来得太晚的话，快乐也不那么痛快。最初在校刊上登两篇文章，也是发了疯似的高兴着，自己读了一遍又一遍，每一次都像是第一次见到。就现在已经没那么容易兴奋了。所以更加要催：快，快，迟了来不及了，来不及了！

肆……

原来你也在这里

她见了他

头变得低低的

低到尘埃里

但她的心里是欢喜的

从尘埃里开出花来

尘埃里的花

1

1944 年的一日，一个穿着长衫，戴着礼帽的清瘦男子，来到爱丁顿公寓 65 室的门前，彬彬有礼地敲门道：

“张爱玲先生在么？”

这个男子，即是胡兰成。

彼时，胡兰成刚从河内偷渡到上海，住在大西路的美丽园寓所。

爱玲生来喜僻，不大跟陌生人打交道。这一次，亦然。开门的是姑姑张茂渊，她以一贯的姿态，替爱玲拒绝所有来访张爱玲的人。

那日，胡兰成正好没带名片。无奈下，只得取出纸笔，写下自己的名字和电话号码，从门缝里递了进去。

缘分的事，有时还真难说。注定的，便必定会发生，任谁都无力更改。爱玲和胡兰成这一段缘分即如此。自爱玲踏上了去美丽园寓所的那一刻起，即成定局。

尽管，这段缘分是段孽缘！

当爱玲看到那张字条，面对“胡兰成”三个字的时候，心底是为之一动的。胡兰成这个名字，对她真真是不陌生。

翌日，爱玲打电话与他，说要去他的寓所看他。电话撂下不久，人就到了。

在美丽园公寓里，初见爱玲的胡兰成，便觉得她是那“陌上桑里的秦罗敷，羽林郎里的胡姬”，恬淡沉静。

阅女无数的胡兰成，见着这样沉静、疏远、奇装、炫人、瘦高的爱玲，却仍还惊艳了，虽说惊也不是那种惊法，艳也不是那种艳法，却是一种“世间只此一人”的惊艳。

爱玲的美，远远超出了他对于女性美的所有经验及想象。

仿似熟稔，他们开始了五个小时的畅聊。

他素来善谈，便滔滔不绝地给她讲：

小时候，家乡发大水，牛羊稻谷都在水中泡着漂，家人纷纷站在房顶望着这境况愁苦对泣。而他却仍不忘放歌，对着滔滔洪水，气得他娘怒骂：“你是人还是畜生！”

爱玲听着，不予言论，而只兀自讲起炎樱在炮弹中洗澡歌唱的事儿。

胡兰成心中为之一惊，原来她就是世间最懂他的人。

话题，就此更加深刻起来。

他讲自己在南京的过往，关心地问她每月稿费的情况，并谈看完她的《封锁》产生的深刻感受……

她听着，亦惊了起来。因为，除了他，她从未见过这样有共鸣的人。

所谓“于千万人之中遇见你所遇见的人，于千万年之中，时间的无涯的荒野里，没有早一步，也没有晚一步，刚巧赶上了，那也没有别的话可说，唯有轻轻地问一声：‘噢，你也在这里吗？’”

没有早一步，亦没有晚一步，他刚巧赶上了她，她亦刚巧赶上了他。

情缘，就此永结。

他虽那般突兀地横绝在她的面前，她却不觉得生疏。终有这么一个人要来到身边的，她知道。如今，他来了，这般的深懂自己。夫复何求呢！

于是乎，生平第一次，她心里有了小鹿乱撞般的雀跃。

时间，可真是快呀。来时，艳阳高照，转瞬，即已暮色四合。她，不得已起身告辞。

他起身送她。在从美丽园到爱丁顿公寓的路上，他依然滔滔不绝。童年往事，求学经历，日本文化，歌舞以及绘画，《红楼梦》、《金瓶梅》……如是种种，一直到了爱丁顿公寓的楼下，还意犹未尽。

临别时，亦有了不舍之情。

两个人，是你望我，我望你的，仿似缠绵已久的恋人。

最后，他忍不住说："明天我来看你吧。"

爱玲应允了。

第二天，她挑了件宝蓝绸袄裤，戴上嫩黄边眼镜，淡淡地涂了口红，洒了香水。等他。

家常的打扮。

可是，他见了这样的她，仍是觉得艳的，不过，是赏心悦目的柔艳。如同一朵含苞欲放的花，未开，却香气馥郁。

她仍是默然，似昨日第一次见面那般。

他却比昨日拘谨了，遇着像是如“刘备到孙夫人房里竟然胆怯，张爱玲房里亦像这样的有兵气”这般境况，今生还是头一回。他是被她房里的布置摆设震住了，甚觉满屋里文明清爽，又兵气纵横。爱玲这个人，亦带了杀气了——不是“杀无赦”的杀，而是碧螺春茶“吓杀人香”的杀。是正大仙容，嫣然百媚。

他后来亦曾回忆说：“男欢女悦，一种似舞，一种似斗，而中国旧式栏杆上雕刻的男女偶舞，那蛮横泼辣，亦有如薛仁贵与待战公主在两军阵前相遇，舞亦似斗。”

素来不喜斗，然而，那日见了爱玲，却不由得要比斗起来。因为，棋逢对手，他向来是有征服欲的。然“但我使尽武器，还不及她的只是素手”。

我想，那刻，爱玲便已经深种在他的心。

而爱玲，亦在那刻生出了“见了他，她变得很低很低，低到尘埃里，但她心里是欢喜的，从尘埃里开出花来”的情意荡漾来。

自此，他不再做那“百花丛中过的浪荡子”。

而爱玲原就是那“陌上游春赏花，亦不落情缘的一个人”。

2

因为爱玲的缘故，我是极不喜欢胡兰成。

但是，他的书我却皆是通读的。《今生今世》、《禅是一枝花》、《中国文学史话》、《中国礼乐》、《今日何日兮》、《山河岁月》，正应了那句“其人可废，其文却不可因人而废”，他的这些文章皆可立足于一代文坛的。

最爱他的《山河岁月》，书名取得真好，山河壮阔，岁月如流，是能看见轮廓亦可听着声响的。

《今生今世》，则是让我最忧心伤怀的。

因着爱玲。

这本有着爱玲的影子，是为他的自传的著作，使得无数“张迷”神伤。

只因，爱玲一生中，皆未对和胡兰成的那段恋情提及半句。而胡兰成则在这本自传体作品中洋洋洒洒地将和爱玲的种种详细讲了一遍。

于是乎，因着“可以同时承载灿烂夺目的喧闹与极度的孤寂”的爱玲，他的这本《今生今世》持续升温，并借着爱玲那“千载沉香遗迹在，谁将绝调写风神”的名，经久热闹着。

女作家宁萱，曾这般感慨过：“他确实风姿特秀，他确实才华横溢。即便是晚年鬓也星星，仍然萧萧肃肃，爽朗清举。更何况那些金马玉堂、风流倜傥的岁月。”

这次为着书稿再次挑灯重读他这本《今生今世》，看着他和玉凤、爱玲、训德、秀美、一枝、爱珍那些用情浮泛的故事，遂对他这个人本身产生了浓厚的探究心。

他，如此轻佻、心浮、多情、泛滥、不负责任，何以得这么多女子的眷爱呢？更何况其中还有清冷、傲骨、才情的爱玲。

他，何德何能？

胡兰成，原名蕊生（1906—1981）。出生于中国浙江嵊县下北乡胡村。据说，他的祖父胡载元是个茶栈老板，算得上当地大富，不过到了父亲胡秀铭这代，没落了，沦为普通农民。

自幼随母亲长大的胡兰成极其争气，自幼喜爱读书。按道理，若在安稳盛世，他是很难在那个时代里出人头地的。然而，适逢乱世，他便有了缝隙可钻，不但学有所成，还被锻造成了一个满腹经世之才与入仕之志的大才子。

他的求学之路颇不平坦。高小毕业，进了绍兴第五中学，可惜只读了一学期，学校就因为闹革命停课，他不得已辍学回家。后来跟着表哥考入杭州的教会学校蕙兰中学。可是，一入校，就不喜欢学校的氛围，他言说，“蕙兰是个教会中学，青年会在礼拜堂欢迎新同学，弹琴唱赞美诗，且分糖果，那样的‘兄弟爱’于我完全不习惯”。后来，终在担当校刊英文总编辑的时候因编辑校刊的工作与教务主任发生冲突而被校方开除。再后来，考取了杭州邮务局的邮务生，他的求学之路至此结束。

在当时，从事邮政职业是令人羡慕的，然而，生性恃才傲物的他，只干了一个月，便因指斥局长“崇洋媚外”而被开除。

这年，他二十岁。

为谋出路，他去了北平。

这一步，却让他迈出了蛹化成蝶的关键一步。因为书法造诣颇深，他很快就谋得了一份在燕京大学副校长室抄写文书的工作。他虽只在燕京大学待了一年，但燕大名流荟萃的景况，却让他大大地开了眼界。

1927 年，他离开燕大，回到了故乡浙江，因着燕大的缘故，他得以先后在杭州、萧山两所专科学校任教，成了一个名符其实的知识分子。

1932年，他厌倦了教师生活，返回家乡。恰逢此时，他的发妻唐玉凤生病去世。因无钱安葬，他便四处苦苦借钱，竟受尽白眼和奚落。被这一事件深深刺痛后，他便从此放弃正义，只想一心往上爬。

他说："我对于怎样的天崩地裂的灾难，与人世的割恩舍爱，要我流一滴眼泪，总也不能了。我是幼年时的啼哭，都已还给了母亲，成年的号泣，都已还给了玉凤了，此心已回到了如天地之不仁！"

于我看来，这许是个借口。他本性里，原就有这股子冷漠及谄媚的。

之后，他便南下，辗转于广州、南宁、百色、柳州做了五年的中学教师。不过，他的心已浮躁，再不甘愿于这种清贫的教师生涯。于是，他开始经常对时局发表一些看法，写东西也常常用了一些时髦的字眼，比如"兵气"、"民间起兵"、"开创新潮"等等。

便是由着这一手的时髦漂亮的时局政事类的好文章，在1936年，他受到了时年国民党第七军军长廖磊的青睐，被聘请任中学教师之余兼办《柳州日报》，负责在报纸上为军长廖磊发表鼓吹兵谏之文章。

胡兰成因此获得了"政论一支笔"的美称，并引起了各方的关注。

但他并没能因此而平步青云，而是因着一篇不遗余力鼓吹亲日思想的政论文章惹下了麻烦，被当局抓到了桂林桂系第四集团军总司令部，受军法审判，监禁了三十三天。

后来，因为白崇禧惜才，才得以出来。

然而，福祸难知。未承想，这次文字祸端，却给他带来了更大的机遇，使得他的人生上了一个更高的台阶。

因为这篇亲日言论入了当时汪精卫的眼，他被汪精卫聘为《中华日报》的主笔。接到通知后，他立马奔赴上海就职。

自此，胡兰成从一名普通的中学教师一跃成为汪精卫的心腹与栋梁，走上了官宦仕途的第一步。

次年初，他又被调到香港出任《南华日报》的总主笔，以笔名“流沙”撰写社论。曾因一篇卖国高论《战难，和亦不易》，而声名鹊起。不过，此时他的名气虽大，却还没有任何政治实力，收入亦少得可怜。

但是，机会总是等在他的前头。

不久，汪精卫的老婆陈璧君也来到香港，想顺便见一见胡兰成。经过打听，知他的月薪甚是微薄，便斥责林柏生埋没人才，并亲自将胡兰成的月薪由原来的六十元增到三百六十元，另外还附送了两千元的“保密费”。

如是笼络，聪明的胡兰成自是心领神会。他欣然受之，彻头彻尾地成了汪精卫的走狗。

此后，随着汪伪政府的成立，胡兰成在政坛亦走得颇顺。好运频频，势不可挡。

只是，宦海浮沉，福祸难料，久而久之，恃才傲物的胡兰成渐渐被汪精卫冷落。早已习惯了众星捧月的日子，胡兰成自是受不了这般冷遇，于是乎，他结识了日本使馆的官员池田笃纪。但这一举动，得罪了汪精卫，他被汪精卫下令逮捕，经日本人干涉才被释放。

出狱后的胡兰成，回到南京家里休养。

正是这次休养，让他遇到了张爱玲。

3

1944 年 1 月 24 日，旧历的除夕，刚刚从狱中获释的胡兰成赋闲在南京家里休养。百无聊赖时，随手翻开身边一本冯和仪寄来的《天地》月刊。此冯和仪便是当时鼎鼎有名的“风云女作家”苏青。

胡兰成素来欣赏这个女子大方利落的文笔。所以，一拿到手，就开始看苏青写的发刊辞。再翻下去，一篇名为《封锁》的文章吸引了他的眼球。细读了几个小章节，他觉得此文非同凡响，不觉就将整篇读完。末了，久久都沉浸在一种意犹未尽的情绪里。

他，开始探究起这篇文章的作者来。由此，一段于我看来是孽缘的情分，铺陈开来——

关于这段缘分的起始，他亦曾在那部《今生今世》里予以浓墨:

> 前时我在南京无事，书报杂志亦不大看。这一天却有个冯和仪寄了《天地》月刊来，我觉和仪的名字好，就在

院子里草地上搬过一把藤椅，躺着晒太阳看书。先看发刊辞，原来冯和仪又叫苏青，女娘笔下这样大方利落，倒是难为她。翻到一篇《封锁》，笔者张爱玲，我才看得一二节，不觉身体坐直起来，细细地把它读完一遍又读一遍。见了胡金人，我叫他亦看，他看完了赞好，我仍于心不足。

我去信问苏青，这张爱玲果是何人？她回信只答是女子。我只觉世上但凡有一句话，一件事，是关于张爱玲的，便皆成为好。及《天地》第二期寄到，又有张爱玲的一篇文章，这就是真的了。这期而且登有她的照片。见了好人或好事，会将信将疑，似乎要一回又一回证明其果然是这样的，所以我一回又一回傻里傻气的高兴，却不问问与我何干。

这样糊涂可笑，怪不得我要坐监牢。我是政治的事亦像桃花运的糊涂。但是我偏偏又有理性，见于我对文章的敬及在狱中的静。

及我获释后去上海，一下火车即去寻苏青。苏青很高兴，从她的办公室陪我上街吃蛋炒饭。我问起张爱玲，她说张爱玲不见人的。问她要张爱玲的地址，她亦迟疑了一会才给我，是静安寺路赫德路口一九二号公寓六楼六五室。

翌日去看张爱玲，果然不见，只从门洞里递进去一张字条，因我不带名片。又隔得一日，午饭后张爱玲却来了电话，说来看我。我上海的家是在大西路美丽园，离她那里不远，她果然随即来到了。

爱玲在认识胡兰成一个月后，亦曾写了一篇短文《爱》。看完后，我甚觉是她对这段情的一种佐证——只是，是那种“犹抱琵琶半遮面”的含蓄着的。

文章开篇即写道“这是真的”，后是正式的故事——

有个村庄的小康之家的女孩子，生得美，有许多人来做媒，但都没有说成。那年，她不过十五六岁罢，是春天的晚上，她立在后门口，手扶着桃树。她记得她穿的是一件月白的衫子。对门住的年轻人同她见过面，可是从来没有打过招呼的，他走了过来，离得不远，站定了，轻轻地说了一声：“噢，你也在这里吗？”她没有说什么，他也没有再说什么，站了一会，各自走开了。

就这样就完了。

后来，这女子被亲眷拐了，卖到他乡外县去做妾，又几次三番地被转卖，经过无数的惊险的风波。老了的时候，她还记得从前那一回事，常常说起，在那春天的晚上，在后门口的桃树下，那年轻人。

于千万人之中遇见你所遇见的人，于千万年之中，时间的无涯的荒野里，没有早一步，也没有晚一步，刚巧赶上了，那也没有别的话可说，唯有轻轻地问一声：“噢，你也在这里吗？”

故事，是从胡兰成那里听来的，故事中的女孩即为胡兰成发妻的庶母。

如同宿命，这故事中的那句“于千万人之中遇见你所遇见的人，于千万年之中，时间的无涯的荒野里，没有早一步，也没有晚一步，刚巧赶上了”，一语成谶，将她和他的爱情故事绵延抒写。

没有早一步，没有晚一步，他们刚好赶上了彼此。

——胡兰成和张爱玲。

岁月之静好

1

“岁月其实待张爱玲不薄，在她最好的时刻，给了她一段爱情。无论这个男人是否值得她付出芳心，但她的生命总是要有这么一个人。不然错过了，只能怪流光不解风情，无端负了年华。”

看到这么一段话的时刻，我的心有抽搐的疼。我宁愿，我挚爱的爱玲，没有遇见这段爱情。错过一年半载，或许，光景皆不如此。

但是，谁能来扭转这既定的情缘呢！

罢了，罢了。不去深究，只沿着她的爱情痕迹，来追忆关于她的过往吧。

初见爱玲时，胡兰成在《今生今世》里写下了这样的句子：

“我一见张爱玲的人，只觉与我所想得全不对。她进来客厅里，似乎她的人太大，坐在那里，又幼稚可怜相，待说她是个女学生，又连女学生的成熟亦没有。我甚至怕她生活贫寒，心里想战时文化人原来苦，但她又不能使我当她是个作家。”

又写道：“张爱玲的顶天立地，世界都要起六种震动，是我的客厅今天变得不合适了……她的亦不是生命力强，亦不是魅惑力，但我觉得面前都是她的人……”

他被爱玲这独特的气质迷住了。

爱玲从骨子里散发出的气质和美丽，以及她的文字和才情，亦是他这个风流倜傥、阅女人无数的浪荡子所始料未及的，亦是今生未曾遇见过的。由此，他心底倍觉山河失色，岁月成尘。世间，唯爱玲充满耀眼的光彩。

待及第二天，他去爱玲家看望爱玲后，更坚定了心底那份对爱玲的欣赏及爱慕。

又是一场漫长的交谈。

在依依不舍地离别后，回到美丽园，他便迫不及待地给爱玲写了第一封情意绵绵的信。信的内容，不知怎的被他竟写成了像五四时代的新诗。爱玲回信：“因为懂得，所以慈悲。”这句带有禅意的话，却让胡兰成的“五四新诗”现了幼稚。他一直恃才傲物，却未曾想到在爱玲这里，他自以为的文采便都显了贫乏浅薄了。

我想，在胡兰成对爱玲的某些迷恋里，是有对她文字的景仰成分的，这份景仰，使得他欲发地要将爱玲据为己有。

接下来的日子，尽见了爱情的美好。

他每隔一日必去看爱玲，在那座温情的公寓里，他是“晨出夜归只看爱玲，两人伴在房里，男的废了耕，女的废了织，连同道出去游玩都不想”。他们喝馨香馥郁的红茶，吃精致的西式茶点，谈文艺，说故事。如此情趣，堪比那李清照和赵明诚。

此际的爱玲不复见了凉薄的心性。

知胡兰成最爱她穿那双从庙会上买来的双凤绣花鞋，便刻意挑了件“闻得见香气”的桃红单旗袍来配，总在与胡兰成独处相伴时穿着。

面对这个美如春花、瘦如秋水的男子，爱玲情窦初开。

2

他端的是情场的高手，知道如何讨女人的欢心。对爱玲，更是如此。

他陪她聊天，逛街，散步，常常赞美她的美和气质。是女子，面对这样的赞美和欣赏都会难以招架的，更何况从小就难得被人这么关注和宠爱过的爱玲呢。

她是深深地爱上了胡兰成了。

她觉得和胡兰成待着的每一分每一秒都是那么愉悦人心，而分开的每一分每一秒又是那般痛苦幽怨。她曾对他说道：“你这个人呀，我恨不得把你包包起，像个香袋儿，密密的针线缝缝好，放在衣箱里藏藏好。”

不过，与爱玲的这份痴爱不同。胡兰成虽爱得热烈，却不专一。

他要的爱情，往往都不天长地久，而是那“此时语笑得人意，此时歌舞动人情”的流水光阴。他自己亦在《山河岁月》里坦言了这心态：“我每回当大事，无论是兵败奔逃那样的大灾难，乃至洞房花烛、加官进宝，或见了绝世美人，三生石上惊艳，或见了一代英雄肝胆相照的那样的大喜事，我皆会忽然有个解脱，回到了天地之初，像个无事人，且是个最无情的人。当着了这样的大事，我是把自己还给了天地，恰如个端正听话的小孩，顺以受命。”

他是那种得过且过，只要欢活便可以的浪子。

只可惜了爱玲，那般热烈地真切地，用却整个身心地去深爱着他。

唯有一点，还觉得为爱玲值的，是他那份“坦诚”。关于他的过去，他的情史，他的背景——结过两次婚，目前又与舞女同居着……如是等等，他一律不隐瞒。

对于他的这种“无论好歹，只怕没份的贪嗔痴怨”的坦诚，我却是讨厌至极。

然而，我非我挚爱的爱玲。于爱玲而言，他的这般多情，他的这般狂妄，他的这般放荡不羁，是一种从未相逢过的新鲜刺激。而他的才华洋溢，他的温情脉脉，则成了不能拒绝的毒药，且明知是比那鸦片更为致命的毒药，却被蛊惑般地豪饮着。

突然想起李碧华的句子来——“爱情是含笑饮毒酒”。诚然，每一个沉浸在爱情中的女子，都是在含笑饮毒酒啊！

同爱玲住一起的姑姑张茂渊，见此情况，便不安起来。

经世已久的她，早知胡兰成为何人——背景不干净，有妻室家小，且常有艳遇。于是，她同爱玲深谈了一次。具体的谈话内容不见记载，但我觉得三毛在以胡兰成和爱玲故事为蓝本撰写的《滚滚红尘》中的一句台词恰到好处地讲出了姑姑的话：“这种人说好听点，是文化官；说难听点，是汉奸。你干干净净的一个大小姐，惹这种人干吗？”

爱玲虽然离经叛道，但亦深知人言可畏。再说，她也十分敬重姑姑，于是，便写了一张字条差人给胡兰成送去：“你明天不要来了。”

然而，送过去了，又觉后悔。走了这么远的路，经历了这么多的面孔，才遇见了他，同他说，“噢，你也在这里。”却要马上分开。这么快，怎甘心！

于是乎，一整天都处在一种恍惚中。侧着耳朵听电梯响，每一次响起，心就“扑通扑通”地乱颤一气；听到敲门声，更是惊得目瞪口呆，不知所措。

他到底还是来了。

那一刻，她见了他，笑靥如花，从未曾那般灿烂过。过来人的姑姑，看在眼里，唯无奈地叹息着，摇了摇头，一声不出，拿起皮包出了门。

回来后，再见爱玲的欢喜，便想“罢了，罢了”。毕竟是爱过的人，知道爱一个人无可阻挡。于是，无奈何地对爱玲说道：“你同他在一起，我是不赞成的。然而你也大了，自己的事，自己有数罢。”

如此一来，胡兰成索性天天来，坐在爱玲房中，谈诗看画，一坐就是一整日。

生活，遂有了前所未有的新意。

爱玲觉得，是如此的美好。

某日，胡兰成说起她那张登在《天地》上的照片。翌日，她便取出给他，在那张照片背后，写明了对他的那份情爱真心意：“见了他，她变得很低很低，低到尘埃里，但她心里是欢喜的，从尘埃里开出花来。”

这样露骨的表白，对清寡的爱玲实属不易的。若非深爱，如何能让她低至尘埃呢？

3

这段不被祝福的爱情，炎樱是唯一的支持者。

于是乎，炎樱成了那时爱玲最大的依傍。她常央着胡兰成陪着去炎樱家玩，因为这样的串门仿似在闪闪躲躲里寻找光明正大的感觉。

炎樱昵称爱玲为“张爱”，遂把胡兰成昵称为“兰你”，来配成一对。

对于炎樱，胡兰成亦然用对任何女子惯用的伎俩，献殷勤，甜言蜜语不断。常常，爱玲坐在一旁，听他们两人斗嘴取乐，甚而调情。却只是笑着，觉得好，而没有丝毫的不快。

这样的大度，倒是入了一向风流多情的胡兰成的心。他曾在《今生今世》中如此大言不惭地写道：“我已有妻室，她并不在意。我有许多女友，乃至狎妓游玩，她亦不会吃醋。她倒是愿意世上的女子都欢喜我。”

我总也想不明白，爱得如此深的爱玲，怎可容许爱情中有其他女子的呢？

后来想，她早已木然。祖父张佩纶是狎妓啸游的风流才子；父亲张志沂亦是狎妓娶姨太太的风流人物。在她的世界里，还从未曾见过专情的男子。再者，擅写情爱的她，始终坚信“有目的的爱都不是爱”。

由此，风流倜傥，才华横溢，结了婚，做过汪伪官员，又和日本人过从甚密，一切皆是心性使然的胡兰成，成了她心目中最接近自己爱情理想的一个人。

情到浓时，胡兰成于是给爱玲写了封求婚信：“自从一年前我在南京看到你登在《天地》上的两篇文章，我就有一种奇特的感觉；你就是我在茫茫人海中所要寻觅的人！及至见了第一面，我更感到我俩的缘分是前世定了的。”

爱玲回给他的信，却是一张空白的信笺。

胡兰成心慌了，不知何故。匆忙从南京赶回上海，望着爱玲，眼睛里满是问号。爱玲回道：“我给你寄张白纸，好让你在上面写满你想写的字。”

之后，胡兰成亦若爱玲那般也是低低的了。仿佛从尘埃里醒来一般，那几日内突变作一个青涩的少年，时而嚣张跋扈着，时而又小心翼翼的。他说，这行动所为尽皆违背常情。

于是，他又写信给爱玲：“你说见了我，你变得很低很低，其实我又何尝不是呢！我本自视聪明，恃才傲物惯了的，在你面前，我只是感到自己寒碜，像一头又大又笨的俗物，一堆贾宝玉所说的污泥。在这世上，一般的女子我只会跟她们厮混，跟她们逢场作戏，而让我顶礼膜拜的却只有你。张爱玲，接纳我吧……”

如是情切的言语，虽轻浅了，却是能满足爱玲内心所有的高傲及自恋的。

他亦曾试探着问过爱玲对结婚的想法。爱玲说，她没有怎样去想象过那个。如同爱情一般，若是真来，便顺其自然地受之即是。

1944 年 8 月，爱玲和他配了婚姻。

在爱丁顿公寓她的房中。没有凤冠霞帔，没有宾客盈门，没有锣鼓喧天，只有好友炎樱做主婚，胡兰成侄女青芸做唯一宾客。

弟弟张子静，她亦没有通知。姑姑张茂渊，则是不愿参加。就这样，她清爽决绝地，一意孤行地嫁给了胡兰成。

时年，她二十四，胡兰成三十八岁。

关于婚礼，她亦没有多言。倒是胡兰成在字句中又给清晰道了来：“我与爱玲只是这样，亦已人世有似山不厌高，海不厌深，高山大海几乎不可以是儿女私情。我们两人都少曾想到要结婚。但英娣竟与我离异，我们才亦结婚了。是年我三十八岁，她二十四岁。我为顾到日后时局变动不致连累她，没有举行仪式，只写婚书为定，文曰：胡兰成张爱玲签订终身，结为夫妇，愿使岁月静好，现世安稳。上两句是爱玲撰的，后两句我撰，旁写炎樱为媒证。”

我每每看了这些句子，都会忍不住落下泪来，为这样痴爱忍屈的爱玲。

爱玲这样不计名分，不问将来，不求回报，不指望众人理解，甚至不奢望亲人的祝福。可是，最后在这段婚姻中她落得又是怎样的满目疮痍呢！

其实于爱玲内心，怎会不在乎呢？

她曾在《倾城之恋》中如是写道：

> "死生契阔，与子相悦，执子之手，与子偕老。"我看那是最悲哀的一首诗，生与死与离别，都是大事，不由我们支配的。比起外界的力量，我们人是多么小，多么小！可是我们偏要说："我永远和你在一起；我们一生一世都别离开。"——好像我们自己做得了主似的！

如此，她特地让炎樱陪着去拍了照片留念。

取照片，爱玲没有去。而是炎樱大热天里骑着个脚踏车跑到那里，取了来便直奔着爱丁顿公寓给爱玲看。为要慰劳，她给爱玲说道："吻我，快！谢谢我！"

爱玲却不理她，而是喜悦地对着自己的照片深吻了一下，仿似在吻某个温情时刻。气得炎樱大叫："现在你整天整夜吻你自己吧！没见过你这样自私的人！"

自私，是如此吧。然而，炎樱还没能深懂，爱玲那一吻下，是对那段不被祝福的低调至极的婚姻的吻恋。她爱他，于是不惜牺牲、不惜委屈，就那样嫁了。但是，有哪个女子不珍惜着婚礼带来的欢喜呢？她爱玲，虽寡淡，冷傲，但是，亦是寻常女子。吃五谷杂粮，着人间凡衣，过俗世生活，要俗世爱恋的。

她亦深记着，他许她的“岁月静好，现世安稳”。

可是，真能如此吗？！

现世之安稳

1

对于和胡兰成的这段不被祝福、没有形式的婚姻，爱玲还是以自己特有的方式广而告之了的。

形式是，以在同一个月出版的《传奇》为告：书名叫“传奇”，目的是在传奇里面寻找普通人，在普通人里寻找传奇。——她是要告诉大家，属于她的婚姻是“传奇”的，并希望世人皆陪她一起开心。

这是她的第一本书，封面是她自己亲自设计的，用的是她最喜欢的蓝绿色，“整个一色的孔雀蓝，没有图案，只印上黑字，不留半点空白，浓稠得使人窒息。以后才听见我姑姑说我母亲从前也喜欢这颜色，衣服全是或深或浅的蓝绿色。我记得墙上一直挂着的她的一幅油画习作静物，也是以湖绿色为主。遗传就是这样神秘飘忽——我就是这些不相干的地方像她，她的长处一点都没有，气死人。”爱玲在《对照记》中，如是述说着《传奇》一书的设计。

书，一经出版，四天内就全部销售一空。

于是，再版。

这次封面的设计，是炎樱。

书的再版序，则经由着那半世议论的名言“出名要趁早”，而被大家深刻记忆着。

> ——“以前我一直这样想着：等我的书出版了，我要走到每一个报摊上去看看，我要我最喜欢的蓝绿的封面给报摊子上开一扇夜空的小窗户，人们可以在窗口看月亮，看热闹。我要问报贩，装出不相干的样子：‘销路还好吗？——太贵了，这么贵，真还有人买吗？’呵，出名要趁早呀！来得太晚的话，快乐也不那么痛快。……快，快，迟了来不及了，来不及了！”

这样急促的语气，捎带出的是她思想里的“惘惘的威胁”之感。她总觉得来不及，生平第一首古体诗“声如羯鼓催花发，带雨莲开第一枝”，亦是如此带着仓促的语气。

和胡兰成那样匆匆草率地结婚，未尝不是这“惘惘的威胁”之感所促成的！

婚后，两人如同“照花前后镜，花面交相映”那般在一起，同住同修，同缘同相，同见同知。岁月，在那时真真是能见着“安稳静好”的。

她最喜在房门外悄悄窥看他，“他一人坐在沙发上，房里有金粉金沙深埋的宁静，外面风雨琳琅，漫山遍野都是今天。”

他则最喜她穿那双绣着双凤的绣花鞋，觉得穿在她脚上，线条柔和，看了欢喜。

而彼时，他们一个如日中天的红，一个正摩拳擦掌要在政坛上做出一番作为。

良辰美景下，怎么看都是一对璧人。

那爱情，亦贴了心，入了景的，让外人艳羡着。

那时，胡兰成和南京政权还保持着联系，所以时常要回南京工作。每逢此时，爱玲便给他写长长的信来倾诉对他的思念。

时常是，一个月回上海一次，住上八九天。他不回自己美丽园的家，而是径直奔到赫德路的爱丁顿公寓，看爱玲。一进门，便亲切地说：“我回来了。”之后，两个人便哪里都不去了，腻在房间里，真真是“男的废了耕，女的废了织”，聊着说也说不完的体己话。从文学到生活，从平凡到高雅，你来我往，聊得十分畅快。

常常，胡兰成言及的事物，都会令爱玲觉得“攀条摘香花，言是欢气息”。

胡兰成则最喜和爱玲读书探讨，常常，在爱玲那里“寻常都可以石破天惊、惊艳四海着”。一直自负中国古典文学底子比爱玲深厚的胡兰成，在两人一起读书时，惊诧于爱玲比他多读出的深层意蕴来。比如，那日他们一起读《诗经·大雅·云汉》，才读了诗的开头：“倬彼云汉，昭回于天。”爱玲便就不由惊叹道：“啊！真的是大旱年岁。”他便心惊，诧异爱玲是咋知道的大旱年岁。

又读《古诗十九首》，看到“燕赵有佳人，美者颜如玉。被服罗裳衣，当户理清曲”，爱玲又惊呼：“真是贞洁呀！”这首描写美女的诗，实则描写的妓女，爱玲便知了，而且知是一个“贞洁”的妓女。他更惊了，心胆战有些服了。

再读汉乐府《子夜歌》时，那句“欢从何处来，端然有忧色”之后，爱玲感叹“这端然真好，而她也是真的爱他”时，他已由惊转为惊艳了！

对于爱玲，他在婚后亦有了更深刻的认知。曾经他读《水浒传》无数遍，却有一日爱玲告诉他，宋江在玄女庙见玄女像时有八字的形容——“天然妙目，正大仙容”。他着实愣住了，因为读那么多遍，他从未注意到有这八个字。恍惚间，他看着爱玲那端正的脸庞，忽然觉得用“正大仙容”四个字来形容之最恰当不过。

而对于自己不如爱玲才情的感慨，他在《今生今世》里，亦有了这样的交代：

> 我在张爱玲这里，是重新看见了我自己与天地万物，现代中国与西洋可以是一个海晏河清。《西游记》里唐僧取经，到得雷音了，渡河上船时艄公把他一推，险些儿摔下水去，定性看时，上游头淌下一个尸身来，他吃惊道，如何佛地亦有死人，行者答师父，那是我的业身，恭喜解脱了。我在爱玲这里亦有看见自己的尸身的惊。我若没有她，后来亦写不成《山河岁月》。

我想，那时的他真的是由衷地仰慕爱恋着爱玲的。

亦有他这样的话作证：“……天下人要像我这样喜欢她，我亦没有见过。谁会与张爱玲晤面说话，我都当是件大事，想听听他们说她的人如何生得美……”

2

爱玲依旧不喜交际，胡兰成在外界的朋友她亦几乎不见。她把所有与外界相关的事，都叫为纷乱，尽管她此时不惊不惧。

她的这种利落的处事，亦是入胡兰成心坎的。他原就不愿这段感情里掺杂过多的实践与担当。他只愿这世上，只他们两人那般情浓意浓地痴缠到天荒地老。

他说：“我们虽结了婚，亦仍像是没有结过婚。我不肯使她的生活有一点因我之故而改变。两人怎样亦做不像夫妻的样子，却依然一个是金童，一个是玉女。”

所以，婚后的他们并没有真正住一起。而是各自有着自己各自的住处，各自亦有着各自的生活。

时常是分离的状态。

一个在爱丁顿公寓，一个在南京住处。

每次他们男欢女爱相聚一番，然后就分开了。胡兰成赶回南京，而爱玲则在公寓里继续写着文章。每次的别离，都不生任何愁绪，如若是一种婉转的流光飞舞，收与放，皆自然得很。

这样的日子，于生性多情风流的胡兰成，是至为满足的。

于爱玲呢，亦是满足的。在这乱世之中，能和一个自己喜欢又喜欢自己的男人经营着那些鸡毛蒜皮的琐碎生活，在同一个屋檐下，亦是可让自己“心酸眼亮”，幸福和满足的。由此，她看胡兰成便“眼睛里都是笑”，是那“今日相乐，皆当喜欢”的。

日子，更被他们过得诗意满满。

某日，晚饭后灯下玩脸对脸的游戏，爱玲的脸好像一朵开得满满的花，又像一轮圆得满满的月亮，胡兰成便忍不住抚弄爱玲的脸道：“你的脸好大，像平原缅邈，山河浩荡。”爱玲笑了：“像平原是大而平坦，这样的脸好不怕人。”

又一日，胡兰成欲要形容爱玲的行坐走路，却觉口齿艰涩，找不到合适的形容，如是爱玲便代他说：“《金瓶梅》里写孟玉楼，行走时香风细细，坐下时淹然百媚。”胡兰成听后，甚觉形容特好，于是追问着两人在一起如何形容，爱玲回道：“你像一只小鹿在溪里吃水。”言语间，尽见爱恋疼惜之意，听得胡兰成的心真仿如小溪水流过般清澈爽朗着。更心羡着爱玲的“锦心绣口”。

曾经，爱玲带着胡兰成去了南京的老宅子，并把祖母的一只镯子拿给他看。在那个沾染着历史痕迹的曾经辉煌非常的老宅子的房间里，两人排排坐在沙发上，讨论彼此的姓氏。谈到兴起时，爱玲看着胡兰成，是那么入心入情，忍不住用手指抚他的眉毛，说：“你的眉毛”；抚他的眼睛，说：“你的眼睛”；抚他的嘴巴，说：“你的嘴，你嘴角这里的涡我喜欢。”

她，真是喜欢他呀，都喜欢到忘形了。

她亲昵地唤他为“兰成”。然而，他却怎么都不肯在人前如此亲昵，仍直呼她的全名。她不依，若淘气的小女生，胡兰成无奈，只好叫了声“爱玲”，却顿时狼狈至极，惹得爱玲觉得甚是生疏怪异，竟忘记答应，“啊？”在了那里。

也许，如他所说的那般，每天抬头不见低头见的人，“你不禁想要叫她，但若当真叫了出来，又怕要惊动三世十方。”

如此聪慧、富有才情的爱玲，于胡兰成是一半满足，又一半惶恐着的。他知爱玲愿为他赴汤蹈火，但亦知爱玲心性孤冷。所以，在一起的时候，他总会生出难以言说的情绪来。曾经，他和爱玲二人在雨中同坐一辆黄包车。爱玲坐在他的身上，他蓦然觉得爱玲生得那样长大，又穿着雨衣，他觉得抱着她是这般的不合时宜，但又有一种莫名的难忘的实感久久逗留在心底。

或许，在这整个爱情中，爱玲给胡兰成的感觉就是这般吧，相守时，总觉诸般不适，分开时，又是难以忘怀。

他这般。其实，在爱玲的心中，亦是惶惶然。

她曾经深情地望着胡兰成说道：“你的人是真的么？你和我这样在一起是真的么？”在这场不知福祸的爱情里，她虽欢喜至“欲仙欲死”，亦惶惑于“每时每刻”！

在她二十四年的人生里，还从未有一个男人会为她的人、她的文、她的思想、她的一切产生“惊动，要闻鸡起舞”感觉的。她那个在鸦片里腾云驾雾的父亲不会，她那个被约束下变得不学无术的弟弟亦不会，她的家族里那些曾经显赫的男人们亦不会。这世间，唯他这个叫胡兰成的男子会如此。

由此，无论这个男子如何的有着“千疮百孔”的恶，她都是要饮尽他这一瓢。良药也好，毒药亦罢。她，终无悔。

那一年里，她亦在自己《传奇》的再版序里，放恣地将这心境表达："现在是清如水，明如镜的秋天，我应当是快乐的。"

也许，爱是如人饮水，冷暖自知。

那些日子，她也许真的快乐。

3

爱玲身为女子，便有着所有女子想要的那种幸福。平凡的，踏实的，长长久久的俗世的小幸福。

所以，她虽然书销路好，稿酬亦比别人高，不用靠胡兰成养她，非但如此，她还有能力供胡兰成在上海的一切开销；但是，她仍是为他给自己的一些钱而雀跃着。

那应是胡兰成唯一一次给爱玲钱。爱玲却为此欢天喜地，觉得苏青那句"花丈夫的钱是一种幸福"说的是至理名言。她当即同好友炎樱商量，到底用这钱买什么才能让胡兰成看着心里满是欢喜呢，竟是仔细地商量了好几日。

最终，她用这笔钱去做了一件自行设计的皮袄，样式做得宽宽大大的，别出心裁得很。爱玲穿了，像个前清宫里的掌事，胡兰成极是满意。而爱玲亦是欢喜得紧：因为世上都是丈夫给妻子钱用，她也要；俗人的一切，她都津津有味地去品尝。品味做一个平凡的女人，品味做一个小女人。她曾在《童言无忌·钱》中如是表明："能够爱一个人到问他拿零用钱的程度，那是严格的试验。"很显然，给了爱玲一些钱的胡兰成，通过了这严格的试验。

她即便“正大仙容”，亦还是要那平凡女人所要的那平凡的幸福。

于是，婚后的她，如同所有婚后生活中的平凡女子那般，和自己心爱的人，一起去看舞蹈晚会，听音乐会，看京戏、沪剧，看外国电影。这样的相携，于她而言是那般的令人心欢喜。

某个时日，她兴致好，便应了胡兰成同去出席他的一处时事座谈会。明媚的春天里，他们相携的画面，便被胡兰成记在了他的《今生今世》里：

> 我们俩同坐在一辆三轮车到了法租界，旧历三月艳阳天气，只见遍路柳絮舞空，纷纷扬扬如一天大雪，令人惊异。我与爱玲都穿夹衣，对自己的身体更有肌肤之亲。我在爱玲的发际与膝上捉柳絮，那柳絮成团成球，在车子前后飞绕，只管撩面拂颈，说它无赖一点也不错。及至开会的地点，是一幢有白石庭阶草地的洋房，这里柳絮越发蒙蒙的下得紧，下车付车钱，在门口立得一会儿，就扑满了一身。春光有这样的明迷，我竟是第一次晓得，真的人世都成了仙境。

这段至美的描述，不只我，所有的“张迷”都将其认为是爱玲爱情生活中最为婉约动人的场景。

人说，女子一旦爱了人，就会生出烦恼的。

爱玲，亦如是。

她时时疑心自己对胡兰成的爱是不是太强烈了。于是，她便在历史典籍中寻找那些痴情的女子佐证。并对《步非烟传》里的与情人“生及相亲，死得无恨”的姑娘、《会真记》里的崔莺莺、《长恨歌》里的杨玉环、《飞燕外传》里的赵飞燕等，诸如此类的痴情女子，一洒同情之泪。

另外，每和胡兰成坐在一起时，她都若一个小女人般缠绵地望着他。她觉得是这样的“惘惘的威胁”，所以，她要把握住眼前的一分一秒，将能留住的情意全然都给留住。

那一年的夏日，她和胡兰成一起翻看日本的版画、浮世绘、朝鲜的瓷器及古印度的壁画集，依稀仿佛间，爱玲仿似看到“巨大的殿堂，缭绕着沉沉的檀香烟雾，卷着云头的花梨炕床上，端坐着一位白发苍苍、至尊至贵的老太太，跟前是成群的儿孙媳妇、丫环仆从”，可惜，这样的俗世热闹，她一生都无从体味。

而胡兰成则在傍晚时分，于阳台上眺望红尘霭霭的上海，看着西边天上红润的余晖未尽，一时感慨道“时局好，来日大难”。

依稀仿佛间，我听到了爱玲公寓外敲起的“锵锵锵”的打锣声，那是防空信号，远远地一路敲来，又敲着远去。有人仿在传话:“岁月，焉得静好？现世，何时安稳？”

时局大乱。

这是个乱世。

他，许她一个“岁月静好，现世安稳”又如何？

空说的话，兑现不了承诺。所以，在乱世里，她还是受了伤。且满目疮痍。

乱世惹尘埃

1

爱玲说过，“乱世中的人，没有真正的家”。

所以，这样内省的她，对于和胡兰成两地分居的情况，亦是不觉委屈的。相反，她还很享受这种暂别的时光，因为再相聚时，两人因那些短小的思念而情意更浓。不是说“小别胜新婚”吗，估计那时的爱玲享受的亦是这般的“胜新婚”的缠绵至极的郎情妾意。

有段时间，日本人出钱为胡兰成办了一本杂志，名为《苦竹》。这名字，便来自爱玲喜欢的一首“夏日之夜，有如苦竹，竹细节密，顷刻之间，随即天明”的诗。

文坛耀眼星辰的她，自然成了他这本杂志的特约撰稿人。

那日，她为他写了一部《桂花蒸——阿小悲秋》的稿子，写完后，看着那些文字她不由得笑了。心里，亦做了一个决定——她要亲自去南京，当面交给他。

之后不久，她将这个想法付诸实际行动。

应是这次之行，促成了她在南京的那段暂住吧。

我曾在一个署名古之红的人所写的《往事哪堪回味》中，看到了她暂住南京的痕迹：

认识胡氏伉俪，缘由兰成先生令侄胡绍钟学长的引荐……胡氏居处，在南京市区石婆婆巷二十号，虽非豪宅巨邸，但其屋宇建构，采用欧洲南部风格，极为雅致，而其建材选择、色泽搭配，均为一时之最，一望即知居住在此的主人，其生活品位，必定是列于高雅层级之流。

步入胡宅大门，即见一片碧绿，芳草如茵，草地周边排列着五六个小花圃，其中栽着几丛玫瑰和凤仙，而两株体形稍大的腊梅，则散发出淡淡的幽香。草坪中央为网球场，只要挂上球网，即可打球活络筋骨。

第一次进入胡宅，正巧遇见他们打球方歇，因系初见，绍钟为我们做了简单的介绍，我也乘机打量他们：那位男士约莫四十来岁，气宇轩昂，眉目之间，英气焕发；女士年龄略轻，面容娟秀，显露出一股青春钟灵的活力。

在此之前，我对兰成先生，完全陌生；但对爱玲女士，则是因为她曾被笔者之恩师傅彦长教授赞誉，将来极可能是震惊文坛的名小说家，故而在心中对她已早有了一分景仰之意。此后，在绍钟陆续的谈话中，才知道当时张爱玲在文艺圈，虽已相当驰名，其实，他的六叔兰成先生，在文化、学术、新闻各领域，更是盛名远播，如若不然，他怎么能那么轻易就赢得美人的芳心。

当时，正值张、胡两人热恋高峰，无论居家闲谈，抑或户外漫步，均以格调高雅是尚，偶尔启窗望月，持螯赏菊，在展现文士风范；至于谈经论道，规划人生，则必炫其禅味，境界高不可攀。前人喜用‘鹣鲽’二字以喻夫妇情谊深厚，张、胡当之无愧。

张、胡之恋，虽为人誉为‘神仙美眷’，惟华服美食，终难恒久保持不坠。当时，胡供职之‘公司’营运成绩不佳，势将改组，因之，兰成先生之情绪、言行常见不耐之状，爱玲女士虽劝慰再三，然而效果不彰。

就我个人观察，张对胡仍是一往情深，多方体贴；而胡之待张，则似乎与往昔稍有不同。

稍后，胡感觉环境逼迫之压力愈见沉重，乃辞职匿居乡间，而爱玲则仍居上海，因为在此期间生活所需，全赖爱玲一人鬻文所得。而兰成则因爱玲不在身边而又结识了一位年龄很轻的周姓护士小姐。后来，周女受胡牵连被拘。胡见事态紧急，乃欲前往日本，投奔日籍友人暂避。临行之际，爱玲亲赴黄浦江滨送别，并赠以两部电影之稿酬与版税，供胡旅居日本时作生活费用。

看了这样的详尽的关于爱玲和胡兰成婚后生活的片段，我的心是暖的。至少，我知道和胡兰成在一起的那些日子里，爱玲是真的开心过，快乐过。于一个女人，尤其是一个深爱着人的女人而言，能和深爱的那个人相伴朝夕，且快乐、开心过，亦足够。无论结局如何，至少曾经拥有过。

2

可是，我知如此真性情的爱玲，最怕的是长别离。

然而，时局动荡，越是怕的，越来得快。

那时，中日战局发生了明显的变化，日军败势已现，并直接影响到汪伪政府的生死存亡。

覆巢之下，安有完卵？

聪明的胡兰成，很明白自己深陷一种特殊的政治棋局中，故而感觉到了大祸临头的“惘惘威胁”。他亦知，时局如此纷乱动荡，有朝一日，他和爱玲这对夫妻必定要在大限来时各自飞的。于是，便对爱玲说：“我必定逃得过，唯头两年里要改姓换名，将来与你虽隔了银河亦必定得见。”那时，爱玲还无惧，回道：“那时你变姓名，可叫张牵，又或叫张招，天涯地角有我在牵你招你。”但是，已经现了心底浓浓的哀愁。她想起跟胡兰成说过的李义山的两句诗来：“星沉海底当窗见，雨过河原隔座看”。

其实，在爱玲的心底，始终都存在着一个比胡兰成还深的“惘惘的威胁”的。前面我们说过，这种“惘惘的威胁”是因为她获得的爱过于稀薄，她自小就有了这种感触。

为了平衡这种“惘惘的威胁”，她在大家都在囤米囤油的时候，囤了一大堆的纸，因为害怕将来出书时没有纸来印刷。又一次，听一个朋友预言，说近年来老是没有销路的乔琪绒不久将要入时，便从不多的积蓄努力地省下几百元买了一块乔琪绒的布料。这样的囤积东西，却更多地暴露了她的没有安全感。

即这样，胡兰成还是走了。

那是 1944 年的年底了，胡兰成借着日本人池田的周旋，与沈启无、关永吉等人一起到武汉接手了《大楚报》，并一起创办了一个政治军事学校。此番前去，并非为了文艺抱负，而是想借着日军势力有另一番作为。

素来寡淡的爱玲，自是不舍。然而，她断然说不出留下来的话。只在帮他打点行装的时候，紧紧握住那张离开的船票，仿似这样握着那票便能在手心里化为乌有。穿上他最喜看的旗袍，和他一起从昏黄的里弄走出，那迷离烟雨的湿漉漉心情就弥漫开来了。或许，在那个时刻，她即已预感到这一离别下，真真要断了和他那“桐花万里路，连朝语不息”的恩爱情缘了。

只因，时光和距离，最是无情！

可是，宿命如此，无力更改，便也只能随它去了，只留一颗惶惶不得安稳的心，等待着他。

《大楚报》的社址在汉口，胡兰成渡船一到，就被汉阳县衙门安排在了县立医院里暂住。

这一安排，成了爱玲的劫。

因为，在这个医院里同时居住着的还有一群年轻貌美的护士小姐。这样与一群青春四射的年轻女子相邻而居，对爱玲笔下“他是实在诱惑太多，顾不过来，一个眼不见，就会丢在脑后。还非得盯着他，简直需要提溜着两只乳房在他眼前晃”的胡兰成而言，简直是诱惑满满的事儿。

于是乎，不到一个月的时间，他就将一双情眼放在了一个叫周训德的护士身上。这个被胡兰成在《今生今世》里唤作小周的周训德，那时虽还不谙世事，却生得灵动，格外惹人注目。胡兰成曾在《今生今世》里入骨地描摹过："虽穿一件布衣，亦洗得比别人的洁白，烧一碗菜，亦捧来时端端正正。"

面对着如是尤物，胡兰成春心摇曳着，忘了对爱玲的山盟海誓。

于是，一下班，他就往小周那儿跑。谈天说地，约吃饭，献殷勤……他的魅力自是不可言说，连绝代风华的爱玲都无以抵抗，何况是这个不谙世事纯净如晨间露珠的小女孩。很快小周便在他那糖衣炮弹似的风月辞章里迷醉了，于是，经常过来帮他洗衣煮饭，抄写文章。一来二往下，两人便已形影不离，携手静好了。

小小年纪的小周，就这样心甘情愿地做了胡兰成的小情人。

本来小周也是生了退却之心的。她本良家女子，家境贫寒，父亲早死，母亲是妾，还有弟弟妹妹，心底一早就渴念能有一个安稳静好的姻缘，而非为大自己二十二岁的胡兰成做妾。母亲是妾，那做妾的阴影于她而言是个挥之不去的伤痛。

然而，她有她的弱点，因为家境种种，她便比寻常人更需要温情与宠爱。而一肚子甜言蜜语的，且又懂如何取悦、宠爱女人的胡兰成，恰巧成了对付她这弱点的无敌兵器。由是，在胡兰成一通殷勤的进攻下，她还是臣服了，甘愿做了他的妾。

不过，再接下来看她的故事，便觉得是悲哀。

辗转几日后，决定答应胡兰成做小妾的她拿着自己的照片送与他，他却要求她在后面题字。这，分明就是用小周替代爱玲。他并非爱这个女人，只是爱她美好的身体罢了。

她在那张照片后写下了一首他教的隋乐府诗："春江水沉沉，上有双竹林。竹叶坏水色，郎亦坏人心。"

说来，胡兰成就是自私。他使出浑身解数，将小周纳为自己的妾，为的就是让自己孤身在武汉的日子不至于那么难挨。

3

胡兰成的"爱之背叛"，身在上海忙于创作的爱玲一无所知。

那时，她一边思念胡兰成，一边忙着自己的小说《倾城之恋》的剧本改编及公演之事。

这部由柯灵牵线，朱端钧导演，在上海兰心大戏院排演的《倾城之恋》，爱玲甚是重视。她亲自到现场选了当年的名角罗兰来出演白流苏。男主角范柳原则由舒适饰演。

第一次看罗兰拍戏，爱玲吃了一惊。

在她那篇《罗兰观感》里，便抒写了这一心境："罗兰排戏，我只看过一次，可是印象很深。第一幕白流苏应当穿一件寒素的蓝布罩袍，罗兰那天恰巧就穿了这么一件，怯怯的身材，红削的腮颊，眉梢高吊，幽咽的眼，微风振箫样的声音，完全是流苏。使我吃惊，而且想：当初写《倾城之恋》，其实还可以写得这样一点的……"

话剧分四幕八场。

第一幕：白公馆。开场是咿呀不断凄凉的胡琴声。三爷四奶奶等人正在打牌，白流苏一人躲在阴暗的角落里扎鞋底子。是孤独的，怯弱的，幽冷的，却也是倔强的。

第二幕：香港的浅水湾饭店。橙黄的流苏，在橙黄的月亮下与范柳原谈心。

第三幕：回到白公馆。

第四幕：回到香港。在范柳原和白流苏租住的房子里，白流苏将日历牌挂在墙壁上，灯光打在“十二月八日”，揭示战争爆发这个背景。

结尾，以范柳原和白流苏在街道上毫无顾忌地长吻收场。这一幕，曾引起轩然大波，褒贬参半，但皆以为太过大胆。但是，这就是爱玲想要的“噱头”，她就是要用男女主角那种忘我的爱情替她向世人公告：“我自爱我所爱，无视世人讥笑。”

可是，她所爱的那个人，怎值得她如此豁出去一颗真心来对待呢！

《倾城之恋》话剧一经公演便轰动了整个上海滩。张爱玲的名字，再次成为上海滩的传奇。她亦因此而喜悦。于是，给日夜想念的丈夫写信，诉说着分开来的种种琐事。

可是，此际陷在温柔乡里的胡兰成，怎会有若她那般的心意呢。他看罢那信，只当阅读了份公函，便将其搁置一边了。

不知后来出于什么心态，他还是写信告诉爱玲，在汉口结识了护士小周。当然，他自不会说出和小周肌肤之亲的事，顶多是淡浅的几笔，来防日后跟爱玲坦白时没有说辞。然而爱玲，竟没当回事，只淡淡地回了句：“我是最妒忌的女人，但是当然高兴你在那里生活不太枯寂。”

想必是她并未想那么深。年过四十岁的胡兰成，怎会和一个刚满十六岁的如花少女发生什么呢，无非是一种欣赏的消遣罢了。背井离乡，未免冷清难挨，能有一个说话的人陪着，亦是好事。

可是，事实怎会似她想的这般简单呢？

4

胡兰成也不隐瞒小周，他告知她自己在上海还有一个太太。小周聪明伶俐，早就心知如此魅力的胡兰成必有妻室。但，即便心早有所准备，听了亦难免伤心的。她落了几滴眼泪，就被能言会道的胡兰成给哄劝得破涕为笑了。

她毕竟年纪小，想事儿单纯。心想，能得如此一个风云人物的青睐呵护，已是修来的福分。他有妻妾又如何，只要他真心待自己，夫复何求！

抱得美人归的胡兰成自是享受非常，觉得在汉口的日子，如此的具有良辰美景的意蕴，以至于春节来了，他都不愿意回上海跟爱玲团聚，只写了书信告知爱玲，有事务在忙，脱不了身。

不知胡兰成已变心的爱玲，接到信并没做他想，而是将思念深埋，淡然地跟姑姑一起围炉喝着红茶吃着点心，度过了除夕夜。

这边厢，胡兰成和小周过得却是如胶似漆。

他携着小周一起去逛了汉口的集市，置办喜兴的年画，并特意购买了一张和合二仙，回来便给挂在自己居住的房中，取的是和合二仙主婚姻和合之意。那时，民间婚礼之日，必是要悬挂这和合二仙的。看来，胡兰成是要和小周在这除夕之夜里度过宛若新婚的美好旖旎时光的。

可怜的爱玲还在那端痴痴地将他思念。

再是浓稠化不开的爱，亦有转淡的时候。何况，他本是“万花丛中飞”的花花男子。

不久，他决定回上海一趟。

离别那天，小周忍着伤心，淡淡微笑地说：“回去该看看张小姐了，你此去不必再来的。待你走后，我自是要嫁人的。”

胡兰成听了，心底倒还是有了几分愁绪的。他虽习惯了情场上恣意放纵，亦知乱世中风雨飘摇，自己在哪里都不可能有个安稳，因此也给不了任何女人安定。而小周如今委身于自己，这一别离，她将何去何从呢？

但也只这么想想罢了，他本就不是那种负责任的男人。

到了上海，他便迫不及待地去了爱玲的公寓。他真是个只看眼前人的薄幸人，见了阔别数月的爱玲，转瞬就忘了小周为何许人了。自古女子“由来只有新人笑，有谁听到旧人哭”的至极悲哀，便就是他这种薄情男子造的孽！

和爱玲相处的一个多月里，他还是漫不经心地提起了小周。他素来觉得男女相悦，是天经地义的事情，没有什么好隐瞒的，亦觉得做得心安理得的。

凭着女性的直觉，爱玲还是忍不住问了：“小周小姐什么样？”

也许胡兰成认定心高气傲的爱玲定不会过问小周的种种。可是，他忘了爱玲也是女子，想要的依然是俗世里的幸福。于是，他心中有了些慌，有些闪烁其词地低声回说：“一件蓝布长衫穿在她身上也非常干净相。”

爱玲想知道更多，继续问：“头发烫了没有？”

他答：“没烫，不过有点……朝里弯。”说完，还很费劲地比画了下。

爱玲不再问了，关于他和小周发展到了哪个地步，她已在他的回答及神态里寻到了答案。不过，虽然心痛无比，但因不愿轻言别离，她还是忍了下来，继续爱着他。

时值3月，她着那一袭花旗袍和他上街。漫天的柳絮儿，纷纷落在了她的发际、脸上、身上。胡兰成似去年那般，温柔地在她身扑捉着柳絮儿。曾经恩爱依稀回到眼前，仿佛什么都没有变。

事实上，一切都回不到最初了。

5月，有了些厌倦的胡兰成迫不及待地赶回了武汉。到了武汉，他还有了“真是归来了”的感觉。而爱玲这次跟他别离，却有了很深的如同剜了心的空芜感。

一回汉口，他便急不可待地叫来小周，并亲热地唤她的名字“训德”。爱玲曾央他唤自己的名字，他是那样难堪和尴尬。而此时，他却是主动地唤小周的名字。知道了这些的爱玲，将情何以堪呢！

世道纷乱，他和小周一起度过最后几个月的自由日子。不过，他始终都没有给小周仪式上的肯定，理由是“我因为与爱玲亦且尚未举行仪式，与小周不可越先”。此举，也算是给爱玲留了一些情面。

8月15日，他担心的祸事还是发生了。

日本人宣布无条件投降，穷途末路下，他怂恿二十九军军长邹平凡宣布武汉独立。然山河已定，谁都无力扭转乾坤，他的这一政治投机，仅十三天后就以失败告终。

此时，他如同一个丧家之犬，山穷水尽，再无退路。

于是，为了保全性命，他决定逃亡。

走时的情景尽现了他的薄情。他对小周冠冕堂皇地说道："我不带你走，是不愿你陪我也受苦，此去我要改姓换名，我与你相约，我必志气如平时，你也要当心身体，不可哭坏了。你的笑非常美，要为我保持，到将来再见时，你仍像今天的美目流盼……"

可是，世间真爱哪就这般薄幸了。痴情的女子，哪就这般轻言放手了。

他只不过是个自私的人罢了。没有担当，亦不愿担当。

只可惜了小周这个无辜少女，平白地为他消耗了青春。自此后，一切苦果自咽，一切凄凉自过。

——比爱玲还惨！

因为懂得

1

胡兰成别了小周，化装成日本伤兵，乘着日本人的船逃离了武汉。

他取道南京，再到上海。

起初还说，"我不过是一败。天地之间有成有败，长江之水送行舟，从来送胜者亦送败者。胜者的欢哗果然如流水洋洋，而败者的谦逊亦使江山皆静。”他在迷途还不知返，反而文人心态作祟，觉得天涯逃命是件光风霁月的事儿。

可是，当全国都在开展大规模搜捕汉奸的时候，靠着日本人掩护着东躲西藏的他，开始若惊弓之鸟，狼狈至极了。有日本军人劝他逃亡日本，然他深知，当下时局即便去了日本，也不能一劳永逸，倒不如找个乡间僻野，隐姓埋名地躲上一阵子来得踏实。

离开上海的前夜，他在爱玲的住处暂住了一宿。这种风雨飘摇的情状下，他需要爱玲这样有气场的女子来予以他实际的支持。

这个时刻，我想起了三毛以胡兰成和爱玲的故事为原型改编的电影《滚滚红尘》中的画面来：日本人就快投降了，能才不能再来韶华这里了。临别的夜，韶华踩着能才的脚一同在她屋外的露台上相拥起舞。觉得有些冷，她便用他送她的那件红色的披肩裹住了彼此。她是愿这一裹就裹住了今生今世。

然而，爱玲和胡兰成分别的那个晚上，却没有这样温情的画面。昨日恩情因为他的背叛付之东流。他们俩同睡在一张床上，过往那种细微的恩爱已不见。一张床，两个枕头之间，横亘着的是一片望不到尽头的海。

面对如此疏离，胡兰成有了些许不安。他说，“唯对爱玲我稍觉不安，几乎要惭愧，她是平时亦使我惊。……我当然是个蛮横无理的人，愈是对爱玲如此。”

可是不安又如何，惭愧亦如何，断是无法斩去他那颗风流成性的多情种子的心的。

在上海话别爱玲之后，他辗转至浙江杭州，又从绍兴逃亡金华，再从金华逃亡温州。就是在亡命天涯之中，他还和一个叫范秀美的女子发展出了一段恋情来。

这要从他逃亡路途中说起。

离开上海之后，他逃亡浙江杭州，化名为“张嘉仪”。后在一个叫斯颂德的中学同学的帮助下，从绍兴逃亡金华。此间，陪同他的除了斯颂德，还有斯家的一个叫范秀美的姨太太。这个范秀美，虽然比胡兰成大两岁，却保养得很好，看上去亦颇多姿色。她本亦是个骨子里传统本分又贤惠的女子，在和胡兰成同行去温州的途中，亦对胡兰成很是尊重，恭恭敬敬地尊称他为“胡先生”。

就是这个女子，让逃亡途中寂寞难耐的胡兰成动了春心。

他在《今生今世》里，如是说起：

> 我与她很少交言，但她也留意到我在客房里，待客之礼可有哪些不周全。有时我见她去畈里回来，在灶间隔壁的起坐间，移过一把小竹椅坐一会，粗布短衫长裤，那样沉静，竟是一种风流。我什么思想都不起，只是分明觉得有她这个人。

在金华暂避时，因险些落到国民党特工“蓝衣社”的手中，范秀美便提议他到温州范家的故居躲避。

这次是两人相伴匆匆逃亡温州。

在逃亡的路上，胡兰成见溪山和行路之人皆对他们二人无嫌猜，心中豁然明朗，开始无顾忌地对范秀美发起攻势。那时江南初冬刚至，天气亦好。他故技重施，讲起自己的过往：“两人每下车走一段路时，我就把我小时的事，及大起来走四方，与玉凤爱玲小周的事，一桩一桩说与范先生听，而我的身世亦正好比眼前的迢迢天涯，长亭短亭无际极。”

任何女子，都难抵挡他这诗意的追求。

所以，还没到温州，范秀美就以身相许了。末了，他还曾冠冕堂皇地说：“十二月八日到丽水，我们遂结为夫妇之好。这在我是因感激，男女感激，至终是唯有以身相许。”

见如此话语，真是为他脸红。明明是人家以身相许，他却大言不惭地说自己是为感激而以身相许。真让人为爱玲和小周，甚而范秀美，感到心寒。

犹记起，他对爱玲说的那句山盟海誓：“我必定逃得过，唯头两年里要改姓换名，将来与你虽隔了银河亦必定得见。”

亦记起，他对小周说的：“古人说三载为千秋，我与你相聚只九月，但好像自从天地开辟时已有我们两人，不但今世，前世已经相识了。而别后的岁月，则反会觉得昨日今晨还两人在一起，相隔只如我在楼下房里，你在廊下与人说话儿，焉有个嗟阔伤远的。”

真不知跟范秀美缠绵旖旎之时的他，可否记得他曾说过的这承诺。

应不会的。他是薄幸之人，见人说人话，见鬼说鬼话，所有口出皆不由心的。

亏得爱玲那时苦苦说道：“你变姓名，可叫张牵，又或叫张招，天涯地角有我在牵你招你。”然而，他改姓改名时，叫的却是张嘉仪。

再替爱玲道一句，情何以堪！

而范秀美若是看了那段在《今生今世》中写下的文字，应更心痛无比。“我在忧患惊险中，与秀美结为夫妇，不是没有利用之意。要利用人，可见我不老实。但我每利用人，必定弄假成真，一份情还他两份，忠实与机智为一。”

这算是，不要脸……到家了。

2

爱玲于辗转中，从他的一个密友口中得知了他的住处。

于是，不辞辛苦地效仿起孟姜女千里寻夫的桥段来。到底是俗世的，在乱世清秋里，她若传统中的女子们一般，只想和他在一起，不离不弃。亦想，在灾难之时陪着他，患难见真情，或许他会对另外一个人忘情转而只待她一个人好。

然而，当她一路风尘、千里迢迢来到温州城时，他不但不惊喜，反而不悦：“你来做什么？还不快回去！”

后来他将自己的不悦解释为：“我一惊，心里即刻不喜，甚至没有感激。夫妻患难相从，千里迢迢特为来看我，此是世人之事，但爱玲也这样，我只觉不宜。”又言：“我因是男人，不欲拖累妻子，爱玲如此为我，我只觉不敢当，而又不肯示弱，变得要发怒，几乎粗声粗气骂她：‘你来做什么？还不快回去！’”

难道是因他觉得爱玲何时都像天上之人的缘故，还是觉得爱玲一来即打扰了他平静旖旎的温柔乡了？我不是他，无以揣测。但是，有一点是肯定的，他觉得爱玲不该这时出现给他忙中添乱。

那时的爱玲应至为心寒了。

胡兰成把爱玲安顿在城中公园旁的一家旅馆里，白天去陪她，晚上怕警察查夜，不敢过夜。有时候，范秀美也跟着同去。他还未将和范秀美的事情告诉爱玲，“不是为要瞒她，因我并不觉得有什么惭愧困惑”，秀美对爱玲亦很热情，第一次见面，未知情的爱玲还夸秀美很漂亮呢！

然而，仍还是有什么是不对的。两个人相守在旅馆的房间里，虽温存依旧——“有时两人并枕躺在床上说话，两人脸凑脸四目相视，她眼睛里都是笑，面庞像大朵牡丹花开得满满的，一点儿没有保留，我凡与她在一起，总觉得日子长长的”，然而，却有了“亲热里尚有些生分，自然如同宾客相待”的感觉。渐渐地，再相对时，经常半晌没得一句话，忽听窗外牛哞，面面相觑着，诧异发呆着。

在旧时温州的街道上，他伴着她，边走边聊。爱玲心里，蓦然有了止不住的欣喜，忍不住对他说：“我自诸暨丽水来，路上想着这里是你走过的，及在船头上望得见温州城，想你就在那里，这温州城就像含着宝珠在放光。”言语之中，尽现她对他的痴情一片。然而，胡兰成听了却并没多少感触。他只觉得：“白蛇娘娘要报许仙的恩也报不尽，有一种难受，而我是男儿，受红粉佳人之恩，只是心思很静，不可以有悲喜。”

久了，心思细腻灵敏的爱玲还是察觉出他和范秀美之间那种暧昧的关系来了。

那日清晨，胡兰成和她在床上说话，感觉腹部隐隐作痛，却忍着不告诉爱玲。而范秀美一来，他竟像个孩子一样马上向她诉说身体不舒服。范秀美坐在房门边的一把椅子上，问他疼得厉害不，说等会儿给他泡杯午时茶喝就会好。

爱玲当下就惆怅起来，她分明在两个女人的战争中败下阵来。然，她尽管醋意大发，却仍看着范秀美赞叹道："范先生真是生得美，她的脸好像中亚细亚人的脸，是汉民族西来的本色的美。"当下，就给范秀美画像。胡兰成坐在旁边看，看她勾了脸庞，画了眉眼鼻子，待画到嘴角时，突然停下笔不画了。她竟然也不解释，只是一脸凄然悲怆着。

范秀美走后，胡兰成一再追问原委，半晌她才满腹委屈地幽幽地说道："我画着画着，只觉得她的眉眼神情，她的嘴，越来越像你，心里好不惊动，就再也画不下去了，你还只管问我为何不画下去！"

爱玲这令人怜的幽怨和愁容，他胡兰成自是看在眼里，却从未曾想过安慰她只言片语，还解释说"因为两个都是大人"。

得此待遇，爱玲亦是有委屈及抱怨的。在那个曲折的幽巷里，她要求胡兰成在她和小周之间做出选择，"你说最好的东西是不可选择的我完全懂得，但这件事还是要请你选择，说我无理也罢"。并且第一次责问了他，"你与我结婚时，婚帖上写现世安稳，你不给我安稳？"而那时负心的胡兰成并不做选择，只说"我待你，天上地上，无有得比较，若选择，不但于你是委屈，亦对不起小周，人世迢迢如岁月。但是无嫌猜，安不上取舍的话。而昔人说修边幅，人生烂漫而庄严。实在是连修边幅这样的余事末节，亦一般如天命不可移易。”这样顾左右而言其他的冠冕堂皇的话，如今还犹在耳。可是，爱玲这一次还是要他在她和范秀美之间做个选择。

那日，她告诉他，“今晨你尚未来，我一人在房里，来了只乌鸦停在窗口，我心里念诵，你只管停着，我是不迷信的，但后来见它飞走了，我又很开心”。她是要用这听了让人心酸的心之感触，来让他在自己和范秀美之间做个决断的。

这次，他还是给不了她答案。仍是一番狡辩，只道世景荒凉，明日之事不可以预测，他无意做出任何决断。

如此寡情凉薄的言语，真真应了那两句诗：“情到浓时情转薄，而今真个悔多情。”

又有，她到他的住处，他对旁人只说她是自己的妹妹。顾全了新欢的面子，却叫爱玲这个妻如此难堪。

3

温州，再无任何逗留下去的理由了。

爱玲收拾简单的行李，带着一颗被伤的心，离开温州。2月，春寒料峭，天降着小雨，凄风迷离着。胡兰成打着伞送她渡船，“莫道不销魂，帘卷西风，人比黄花瘦”，这单细的雨水，将往日之热焰般的恩爱给浇泼殆尽。

此番爱玲迢迢远寻至温州，一是为夫妻相见，二是为要与他摊牌。她要胡兰成在她和情人之间做个选择。然而，胡兰成终是让她失望了。临走时，她叹了口气，无奈何地自伤自怜地说道：“你到底是不肯。我想过，我倘使不得不离开你，亦不致寻短见，亦不能够再爱别人，我将只是萎谢了。”

“生在这世上，没有一样感情不是千疮百孔的。”

谁说过的话，这般的刺疼人心？

不几日，爱玲有钱寄来，亦有信道：“那天船将开时，你回岸上去了，我一人雨中撑伞在船舷边，对着滔滔黄浪，伫立涕泣久之。”

仍是对这份爱有着一番执念的。她知漂泊之中的胡兰成没有经济来源，便将自己节省下来的钱寄给他。爱情的希望虽然是支离破碎了，但两个人之间那段婚姻还是要用这样的道义上的资助来维系着。

胡兰成说，她来温州二十余日，眼见得他有新欢却仍心存眷恋之意。

想来，胡兰成一早就将她看到洞明清澈处——“张爱玲是民国世界的临水照花人。看她的文章，只觉得她什么都晓得，其实她却世事经历得很少，但是这个时代的一切自会来与她交涉，好像花来衫里，影落池中”。这样的爱玲，于他眼中，缺少种种温柔媚态，亦不会照顾别人和自己，先前的被吸引是因她那颗七窍玲珑的心。如今，相处久了，便觉她没了新意。若他这般的风流浪子，没新意怎行呢，变心自是必然了。

不是说吗，女人再是八面玲珑、春风得意，如若逢不上个真正体己暖心的男子，一生便终究是要以遗憾收场的。

看爱玲的一生，何尝不是。

在他之后，数十年里，她爱不了人，再遇到的爱情里，仍还是有他的影子在的。

所以慈悲

1

从温州回来的爱玲，自是萎谢了。曾经的山盟海誓，在爱玲这里皆成了行云流水，不见了痕迹。而胡兰成，却仍随缘喜乐着，和新欢范秀美一起过着羡煞神仙的日子。

不过，毕竟是逃亡中的人，虽有佳人相伴，但忧患亦是如影相随。

那日，有兵在他们所住的门前张望了一回，胡兰成便决定不在此处躲藏了。

于是，他和范秀美一路乘着夜色从温州再逃回诸暨斯家。这一来，二人便不能似过往那般同床共枕了。偏巧这时秀美还怀了孕，在这里生下孩子自是不能，于是，他便借故让她独自去上海，找侄女青芸帮忙找家医院给做掉。

秀美抵达上海，就直奔着找到青芸。青芸看了胡兰成写的字条后，什么都知晓了，就安排她先住了旅馆，随即又给她找了家医院。可是，做流产手术需要一百元，胡兰成并没给，而是给张爱玲写了一张字条。此时无奈之下，青芸只得拿着那字条找到爱玲。爱玲看了字条，什么也没说，转身回屋，取了个金镯子，递给了青芸："当掉吧，给范先生做手术。"

而胡兰成这边厢，将一切棘手之事推落得干净，大剌剌地躲到斯家楼上，写他那本漫长的《武汉记》去了。

转瞬八个月过去，《武汉记》写了五十万字。而此时风声已不是那么紧了，他决定再去温州。毕竟，老是躲在斯家不是长久之计。这次，范秀美没有陪同，他一个人从诸暨出发，取道去了一趟上海。

一到上海，他竟直接去了爱玲的公寓借宿。

那次伤心之别后，再见到胡兰成，爱玲有恍如隔世的感觉，生疏感瞬间弥漫了她的小屋。

是夜，他们二人并膝坐在灯下，却没了往日的情深缠绵旖旎之感。

而他，却似不觉难堪。不仅如此，还将他和范秀美同居的事情和盘托出，并洋洋得意地让爱玲看他写的《武汉记》。要知道，上面记载的可是他追求小周的全部过程。爱玲听了，瞬间就被一种从心而生的绝望击中。她愣坐在那儿，不发一言。而自负的胡兰成还以为她在使小女子的小性子呢，过去拿手打她的手背逗她。见他如此，爱玲只强忍着内心那份异常的愤怒。

当晚，爱玲与他分房而睡。

翌日天未亮，他就去了爱玲的房间，在床前俯下身子去亲她。爱玲从被子里伸出双手将他紧紧地抱住，忽然泪流满面，只哽咽地叫了声"兰成"，再也发不出任何声音了。那一刻，她心里已十分明白，叫出如此孤绝的一声，自此后，这个曾经与自己有过一段婚姻生活、有着肌肤之亲的男子，就只存活在她记忆深处了。

胡兰成听了爱玲这一声绝望的呼唤，亦有了“这是人生的掷地亦作金石声。我心里震动，但仍不去想别的”的感觉。然而，他怎样先知先觉，都没能想到这次相见，竟成了他们一生中的最后一次。这之后，他在路上，便只一个瘦影在地。即便他说爱玲“愁艳幽邃，最是亮烈难犯，而又柔肠欲绝”的话语还在耳边，然而，平原缅邈，山河浩荡，他纵能平视王侯，亦再无法仰视她那正大仙容的貌了。

汉时，卓文君曾做《白头吟》：

皑如天上雪，皎若云间月。

闻君有两意，故来相决绝。

并附书：

朱弦断，明镜缺，

朝露晞，芳时歇，

白头吟，伤离别，

努力加餐勿念妾，

锦水汤汤，与君长诀！

司马相如终被这诗唤起了回寰之心。

可是，爱玲纵有卓文君的诗情才华，然胡兰成却早无司马相如那回寰之心了。所以，当她得知胡兰成已经脱险，在温州过着清净的新生活时，她即给他去信，写道：“我已经不喜欢你了。你是早已不喜欢我了。我是经过一年半长时间考虑的，惟彼时小吉（吉是劫的隐字）故，不愿增加你的困难。我把新近写了两部电影的稿费汇票共三十万一并寄给你。你不要来寻我，即或是写信来，我亦是不看的了。”

深懂爱玲的胡兰成，看罢信虽失落非常，但是也早知这是迟早的事情。能与爱玲这样传奇的女子相处过，就是自己的三生有幸。所以他说：“爱玲是我的不是我的，也都一样，有她在世上就好。”

话虽说得如此磊落轻松，但他还是忍不住给爱玲的挚友炎樱去了封信，想要她从中缓和他和爱玲的关系，以修旧好。信中他写道：“爱玲是美貌佳人红灯坐，而你如映在她窗纸上的梅花，我今惟托梅花以陈辞。佛经里有阿修罗，采四天下花，于海酿酒不成，我有时亦如此惊怅自失。又《聊斋》里香玉泫然曰，‘妾昔花之神，故凝；今是花之魂，故虚。君日以一杯水溉其根株，妾当得活。明年此时报君恩。’年来我变得不像往常，亦惟冀爱玲以一杯水溉其根株耳，然又如何可言耶？”

心疼爱玲的炎樱，自是没去搭理胡兰成。

而爱玲，则是以“我觉得要渐渐地不认识你了”的心态，试图将他从自己的心底抽离。

2

胡兰成曾言：“爱玲，这世上懂得你的只有我，懂得我的也只有你。”

爱玲则曾语：“因为懂得，所以慈悲。”

我知道，曾经，她因为他的懂得，而将自己变得低低的，开成尘埃里的花来爱他。而今，她因为对他的懂得，而慈悲放手，给他一个更宽阔的自由让他去风流让他去快活。

爱君笔底有烟霞，
自拔金钗付酒家，
修到人间才子妇，
不辞清瘦似梅花。

满怀才情的胡兰成，凭着他那些“舞低杨柳楼心月”的文章，将爱玲深深迷醉。他的才、他的人、他和她之间的情趣，皆让她心生欢喜。然而，如今他之多情，多情到泛滥，便不可原谅了。只能远离他了。

爱玲在《红玫瑰与白玫瑰》中写下过那句经典的话：“每一个男子全都有过这样的两个女人，至少两个。娶了红玫瑰，久而久之，红的变了墙上的一抹蚊子血，白的还是‘床前明月光’；娶了白玫瑰，白的便是衣服上的一粒饭黏子，红的却是心口上的一颗朱砂痣。”

由此，她固执决绝地告别了这段难堪的往日，此后一生都未对这段不堪回首的过往提过只言片语，只说过，“我们是一个爱情荒芜的国家”，如同对这段爱情的注解。亦说过，“人活在世上，不过短短的几年。爱，也不过短短的几年。由他们去吧。”是种释然吧。

她之单纯、冷静、自信、独立，一如胡兰成在《评张爱玲》里那般形容的：“她的心喜悦而烦恼，仿佛是一只鸽子时时要想冲破这美丽的山川，飞到无际的天空，那辽远的、辽远的去处，或者坠落到海水的极深去处，而在那里诉说她的秘密。她所寻觅的是，在世界上有一点顶红顶红的红色，或者是一点顶黑顶黑的黑色，作为她的皈依。”

所以，在这段爱情里，自始至终，她不要锣鼓喧天的婚礼，亦不要华盖红烛的洞房之夜，甚而不要胡兰成的钱，非但如此，她在与他分手后用自己节省下来的稿费接济他。她要的只是他应承给她的那句“岁月静好，现世安稳”。

弟弟张子静，曾为在这段爱情里受伤的姐姐打抱不平：“姊姊聪明一世，爱情上却沉迷一时。这个婚姻没给她安稳、幸福，后来且是一连串深深的伤害。胡兰成说她‘不会跌倒’，她却为胡兰成跌倒了，终至心灵萎谢，最后以离婚收场。她的第一次婚姻不足三年，比母亲的还短，而所受挫折则更深。”

我虽似张子静这般为爱玲对胡兰成的这份情深觉不值，但是，我亦深知爱玲是不悔的。能入她心的，绝对是“君子如响”般的霍霍才人，且真正的入骨地懂她的。而胡兰成便是如此的一个人。

她那句“因为懂得，所以慈悲”，亦是对胡兰成懂她的一种释解。

后来，胡兰成还去爱丁顿公寓找过爱玲，但那时已人去楼空。再后来，他辗转得到了爱玲在美国的地址，于是将自己出版的《山河岁月》、《今生今世》附带着一封缠绵至极的信寄了过去。只是，此时她连厌倦他的心都没有了。爱玲只回了一张短笺：“兰成，你的信和书都收到了，非常感谢。我不想写信，请你原谅。我因为实在无法找到你的旧著作参考，所以冒失地向你借，如果使你误会，我是真的觉得抱歉。《今生今世》下卷出版的时候，你若是不感到不快，请寄一本给我。我在这里预先道谢，不另写信了。”

短短数语，将对他的淡如白开水的感情，清晰准确地传达给他。告知他，不必再纠缠，遗忘或者珍藏都可，就是不要再彼此打扰。

一切皆成回忆，与现今再无牵连。

伍……

再也回不去了

夜色清凉中

我听她说——

普通人的一生

再好也是桃花扇

撞破了头

血溅到扇子上

就这上面略加点染

成一枝桃花

在她身后

轰轰隆隆着的

是那段

比烟花寂寞的年月

短暂的交集

1

和爱玲离婚后，胡兰成的日子过得很不错。安然自在地，先后去了北京、日本。后来，他跟上海滩大流氓吴四宝的遗孀佘爱珍结为夫妇，找到了一个长期的安稳的饭票。

然而，爱玲这边却因着他的缘故，承受着无与伦比的压力。

那时抗战胜利，全国都在声讨汉奸。民众压抑了太久的愤怒，顷刻间如洪水暴发。国民政府亦制定了《惩办汉奸条例》，其对象也包括“文化汉奸”。爱玲，因与胡兰成的关系，而被无数人谩骂。

霎时间，曾经上海滩的传奇张爱玲，过往之成就，皆成污点。她虽无作为，却因胡兰成的作为，而成了众矢之的。在那个时代，没有谁认为她是无辜的，皆认为她和胡兰成同流合污。

面对如此突变，她自我沉潜着，搁笔沉默着。

弟弟张子静替她将那时的煎熬说了出来：“抗战胜利后的一年间，我姊姊在上海文坛可说销声匿迹。以前常常向她约稿的刊物，有的关了门，有的怕沾惹文化汉奸的罪名，也不敢再向她约稿。她本来就不多话，关在家里自我沉潜，于她而言并非难以忍受。不过与胡兰成婚姻的不确定，可能是她那段时期最深沉的煎熬。”

后来的后来，爱玲在《传奇》的征订本的序言里，还是反驳了胡兰成给她招来的这些不良舆论：

> 我自己从来没有想到需要辩白。但是一年来常常被议论到，似乎被列为文化汉奸之一，自己也弄得莫名其妙。我所写的文章从未涉及政治，也没有拿过任何津贴……至于还有许多无稽的谩骂，甚而涉及我的私生活，可以辩驳之点本来非常多。而且即使有这样的事实，也还牵涉不到我是否有汉奸嫌疑的问题；何况私人的事本来用不着向大众剖白……

还好。命运之神，还是眷顾她的。

就在她经济即将陷入困顿的时候，她的几个老朋友向她约稿了。

原来，她的朋友龚之方、唐大郎办了一份通俗的小报《亦报》。作为出版人的龚之方，因为之前就与爱玲合作过《传奇》增订本的出版事宜，而获得了此时沉默的爱玲的信赖。加上《亦报》的基调是休闲娱乐的，故而爱玲答应他们再次提起那杆可摇曳成魅惑罂粟花的笔。

《亦报》这方，自然深知爱玲在文学方面的实力和曾经的辉煌，只希冀借着爱玲的文字使得《亦报》一炮打响。

经历了文化汉奸事件的爱玲，还是谨慎了，她用了一生中唯一一次使用的笔名——梁京。书写的作品，就是小说《十八春》。

该小说在《亦报》连载数日，亦获得了空前的追捧。女主角顾曼桢的故事牵动了无数人的心。据说，有一个女读者从报社得到了“梁京”的住址，便一路狂奔来到爱玲的住处，一见爱玲就痛哭流涕起来。爱玲被吓坏了。原来，这位读者有着和顾曼桢相似的经历。

还有个太太，在读完顾曼桢的悲惨故事后，气得把报纸给狠狠地摔在地上，声称要找到“梁京”打她两个耳光解恨，因为她把顾曼桢写得太惨了。说着说着，竟就自顾自地大哭起来，说不知道顾曼桢以后要怎样活下去。

迫于时代需求，爱玲最后在连载中给了《十八春》一个阳光的结局：几对男女主人公，在革命的潮流中去追求新的生活了。还是因为之前“文化汉奸”的缘故，心里有了阴影的爱玲不敢太过别出心裁，而是顺应了当时所有文学作品的套路。

不过，她素来对自己的文字挑剔，对自己撰写的故事挑剔，她亦不能容忍某些文字、某些故事桥段，脱离了自己的本意。于是，在去美国之后，她还是将《十八春》的结局进行了修改，书名也改成了《半生缘》。

生活，似乎可以有个崭新的开始。

而这个时期里，一个叫桑弧的男子，亦照亮了她的生活。

2

和桑弧认识，是在话剧《倾城之恋》公演后。

桑弧是个温良的男子，原名李培林，籍贯宁波，1916 年 12 月 22 日生于上海，毕业于沪江大学新闻系，是文华影片公司创始人之一。1935年，结识了周信芳和电影导演朱石麟后，在他们的引导下开始尝试文艺写作，并开始涉足电影界。

桑弧起初做电影编剧，是缘于自己在这方面的爱好和天赋，没想到却获得了意外的成功。于是，他辞去毕业后分配的那份不错的银行工作，正式干起了专业编剧。后来，随着在电影界的摸爬滚打，又跻身导演行列。事实上，之后他成为我国电影史上颇有建树的著名导演之一。

1941年，电影史上极为卖座的电影《灵与肉》、《洞房花烛夜》、《人约黄昏后》，就是他创作的电影剧本。在那年，他亦取诗“当年蓬矢桑弧意，岂为功名始读书”中“桑弧”二字作为自己的笔名。

1946年7月，他在自己的上海石门一路旭东里的家中组织了一场文艺界的聚会。受邀参加聚会的人，有柯灵、龚之方、魏绍昌、唐大郎、管敏莉，鸳鸯蝴蝶派作家胡梯维及夫人金素雯等人。

他还想要邀请张爱玲，想通过这次见面，邀爱玲做自己影片公司的编剧。但是苦于不认识爱玲，不能亲自邀请，于是，他就特意委托跟爱玲熟识的柯灵代为邀请。

不知是碍于柯灵的面子，还是有其他原因，素来甚少交际的爱玲竟然出席了，同去的还有好友炎樱。

可是，她虽然人来了，但是却郁郁寡言，极不合群。当众人谈笑风生时，她只静静地坐在一隅，神情落寞，如同一个苦旅的行者。她的眼神里，更盈着一汪望不到尽头的荒芜海洋。

这样的爱玲，让腼腆的桑弧有些望而却步。可是，这个自己仰慕已久的女作家近在眼前，他如何能让自己却步呢？于是，他暗暗给自己一遍又一遍地打气，终于还是走到了一身孤冷气息的爱玲身边。

他谦恭地说道：“张小姐改编的《倾城之恋》的话剧，我看了首演，太让人惊艳了。非常佩服你的才情，所以希望有机会能和张小姐合作电影剧本。”

爱玲抬头看了看他，什么也没说。

她不是反感，而是对自己写电影剧本这件事有些犹豫。在1943年的时候，她曾经尝试着写过一出戏的剧本《走！走到楼上去！》，然而演出的情况并不好。因着这样的失败经历，她对写电影剧本有些畏惧。

关于她那刻的心理，后来她在回忆中如是写道：

> 我当时觉得茫然。据说现在闹着严重的剧本荒。也许的确是缺乏剧本——缺乏曹禺来不及写的剧本，无名者的作品恐怕还是多余的。我不相信这里有垄断情形，但是多少有点壁垒森严。……写文章是比较简单的事情，思想通过文字，直接与读者接触。编戏就不然了，内中牵涉到无数我所不明白的纷歧复杂的力量。

然而，她毕竟还是写了。当后来桑弧和吴性裁合办了文华影片公司，再次诚恳地请爱玲做编剧时，爱玲答应了。

他们一起合作的第一部电影是《不了情》，起用了时年最当红的明星刘琼和陈燕燕分别饰演男女主角。强强联手下，自然引起了很大轰动。爱玲对于电影剧本亦有了信心，而桑弧更是信心倍增，马不停蹄地又邀爱玲写了《太太万岁》的剧本。依然起用了当时上海滩最红的角儿们，轰动亦大。在上海皇后、金城、金都、国际四大影院同时上映，且连映了两个礼拜都场场爆满。

由此，爱玲成了电影界大受欢迎的编剧，跟电影界的朋友亦多了些交往。

在片子拍摄的时候，导演桑弧因为要与爱玲交流影片事宜，去爱玲的住处最多。如此一来，两个人的来往亦比别人密切了些。那时，可能众人都觉得，为人忠厚又才华横溢的桑弧和同样才华横溢的爱玲是一对天造地设的璧人。

于是，有热心的朋友便向爱玲说媒，要将桑弧介绍给她。然而，不知是情缘未到，还是爱玲有所顾虑，她听到后，只是一直摇头，没有任何言语。她用沉默拒绝了这段外人看来美好的情缘。许多人不能理解，不过，爱玲心里清楚得很，她和桑弧不是同一类人，在一起亦不会幸福，还是做朋友的好，可以长久，不伤彼此。

这段错过的情缘，成了世人纷纷猜测的故事。大家好奇，到底桑弧有没有爱过爱玲，而爱玲又是否爱过桑弧呢？我亦好奇，且看《小团圆》中，九莉对燕山说："没有人会像我这样喜欢你的。"最后，她又写道："但是燕山的事她从来没懊悔过，因为那时候幸亏有他。"

在这里面，九莉对应的应该是爱玲，燕山就是桑弧吧。不过，这终归是一种猜测。

3

不过，桑弧在爱玲情伤最重的时候温暖过她的事实，还是成了爱玲一生最难忘怀的温暖时光。

她在《小团圆》中曾如是写道：

> 过三十岁生日那天，夜里床上看见阳台上的月光，水泥阑干像倒塌了的石碑横卧在那里，浴在晚唐的蓝色的月光中。一千多年前的月光，但是在她三十年已经太多了，墓碑一样沉重地压在心上。

转而又写：

> 雨声潺潺，像住在溪边。宁愿天天下雨，以为你是因为下雨不来。

文字是心境。那个时期的爱玲是多么孤寂，由三十岁生日那天的感受即知。但她心底还是有个角落，在隐隐盼望着真心的。

和桑弧合作的那段时期（1947—1952），亦是爱玲一生中少有的“艳阳天”。虽然这段时期她遭遇了感情的背叛和事业上的失落，但是，却也在桑弧和一些朋友的帮助下，获得了感情上的晴和以及事业上的成就。据朋友回忆，那时在她一向冷傲的性情中，也多出了几分暖色。

于我看来，这其中桑弧的功劳最大。

只可惜的是，他们之间的情缘菲薄。

1952 年，爱玲从上海去了香港。之后，她和桑弧再也没有见过面。

后来，他们之间的关系亦渐淡了。桑弧自以“叔红”的笔名为爱玲的《十八春》撰写过评论后，就再也没有和爱玲有任何联系;在 1995 年爱玲去世的时候，当各方都写文章怀念爱玲的时候，他也一直保持着沉默。

这段感情，在过往的六十年中，他们两人都矢口否认，直到爱玲的那本自传体小说《小团圆》出版后，这段始终被认为是“绯闻”的情感，开始让世人充满想象。

自我的放逐

1

爱玲，一直都有种被“惘惘威胁”的感觉。

1947 年，在《大家》发表的《华丽缘》里，她写下了那段被“张迷”认为是至爱名言的句子:

> 我注意到那绣着“怡和剧团”的横幅大红幔子，正中的一幅不知什么时候已经撤掉了，露出祠堂原有的陈设；里面黑洞洞的，却供着孙中山遗像，两边挂着“革命尚未成功，同志仍需努力”的对联。那两句话在这意想不

到的地方看到，分外眼明。我从来没知道是这样伟大的话，隔着台前黄龙似的扭着两个人，我望着那副对联，虽然我是连感慨的资格都没有的，开始一阵心酸，眼泪都要掉下来了。

忽然间，她就对自己的身世有了悲凉之感：

没有什么东西可以是永恒的，没有什么东西是永远的、可以是特立独行于时代之上的，伟大之如孙中山，亦不过是作了乡间农民演戏的黯淡背景。

在她的世界里，赫赫家族不永恒，父爱母爱不永恒，爱情亦不永恒，一切一切都是那么飘忽不定。所以，有那么一长段的日子，她将自己尘封起来，除了在家看书，看看每日的新闻外，偶尔陪陪回国的母亲，再就是让自己长时间沉浸在文字里。红尘乱世，似与她没了联系。

日子，趋于一种安之若素的状态。

那时，她和姑姑一起搬离了爱丁顿公寓，在重华新村二楼十一号租了一个两室一厅的房子。其间，母亲黄逸梵从国外回来了一次。只是，没待多久，又出国了。这个风华绝代的女子，早已不习惯上海这个纷乱的城市，她的灵魂漂在国外那片自由的土地上，那里才是她清净的归宿。这次离开，她再也没有回来。临别前，她和爱玲有了一次温馨的长谈，她建议爱玲离开上海，去香港。在她看来，如今繁芜的上海，绝不适合爱玲的写作。

当时，爱玲还没将母亲的离开放在心里。上海毕竟是赋予她生活灵感的地方。虽然觉得满处皆是“惘惘的威胁”，她却不能下定决心离开。

这时期父亲的生活，也已不可与往昔同日而语。生活艰辛，只能靠着变卖房产、典当物事来维持日常开销。然而，他仍是和孙用蕃离不了鸦片。房子是越住越小，直到最后住进了一个只几十平方米的小房子以栖身。

当年的辉煌，如今只能怀想了。

对这样的父亲，爱玲依然无法亲近。他们之间，亦没有任何交集。

母亲走后不久，爱玲就以“梁京”的笔名出版了那部小说《十八春》，并取得了较大的轰动。接着，又写了部中篇小说，名叫《小艾》。之后，时局的变动，迫着爱玲创作的主题和风格要随之改变。她只能选择封笔。

有些迷惘，但又在迷惘中豁然明朗。

这一次，她决定自我“放逐”，再不为谁零落成泥，亦不为谁欣然盛放。

在上海滩这个繁华纷杂的城池里，她辉煌过、爱念过、萎谢过、沉落过，又再次辉煌过，然而，这一切都将成为过往，成为历史里一粒小小的尘埃。这城池，亦不再是她的舞台，她在这里已经无法演出，所以，她选择提早收场。

唯有离开。

2

一座城之于一个作家，是相当重要的。

一如伦敦之于狄更斯，巴黎之于雨果，都柏林之于乔伊斯，布拉格之于卡夫卡，北京之于张恨水，绍兴之于鲁迅。

而上海之于爱玲，在我看来，也是如此。

爱玲冷漠通透地站在这个城市的一隅，将自己被这座城烙下的那些印记，一一倾吐。世人由是看到了《倾城之恋》、《金锁记》、《第一炉香》、《心经》、《花凋》、《十八春》……

而爱玲始终以一种自然而决绝的姿态隐在这些故事和过往的背后，将内心深处的渴慕和落寞，通过小说一一描摹了出来。

然而，这座城池，渐渐在历史的水流中，换了另一个面目。她便若《倾城之恋》里的白流苏那般，只能逃离了。

可是，那时的白流苏还有个范柳原呵护在身边说："在上海第一次遇见你，我想着，离开了你家里那些人，你也许会自然一点。好容易盼着你到了香港，……现在，我又想把你带到马来西亚，到原始人的森林里去。"

如此暖心的话语，我若是白流苏，亦会天涯海角地随着他去的。

然而，爱玲是寂寥的，她的愿景都在她编撰的那些美好的爱情故事里。现实里，她除了自己，再无他人作陪。

即便如此，她还是决绝地要一个人飘散到天涯，给自己一次"放逐"。

多年前，她就说过，"时代是仓促的，已经在破坏中，还有更大的破坏要来。”她早就先知先觉地预知到时代带来的“惘惘的威胁”，而这几年里，她亦始终处于一种动荡之中，想要的安稳就像天边的星，思慕却得不到。

可是，要到哪里去呢？茫茫人世，何处才是栖身之地呢！

思忖间，想起了母亲临行时说过的话。

3

香港，这座繁华如烟的城市，素来就有“东方明珠”之称。

十年前，因为战争，爱玲曾从这里匆匆离开；十年后，迫于时局，爱玲再次归来。

关于离开时的情景，她有着这样的文字记载：

> 一九五零年或五一年，大陆变色后不久，不记得是领什么证件，拍了张派司照。这时候有配给布，我做了一件喇叭袖唐装衫挎。街边人行道上，穿草黄制服的大汉伺偻着伏在桌子上写字，西北口音，似是老八路提干。轮到我，他一抬头见是个老乡妇女，便道，“认识字吗？”我笑着咕哝了一声“认识”，心里惊喜交集，不像个知识分子。

昔日红遍上海滩的爱玲，面对着那样的世道人心，亦是只能趋时、惧祸的。真真无奈呀，要不她如何发出这样的感慨：

> 走在我自己的国土，

乱纷纷都是自己人；

补了又补，连了又连的，

补丁的云彩的人民……

时光之轮真是可怕，连上海这座百年前昌盛繁荣的城池，都被细细地打磨去棱角。爱玲，这尘世间渺小只一朵开在废墟上的罂粟花般的女子，如何能与之抗衡呢！

离开，亦是明智的。

但就她的文字而言，这貌似又是错的选择。因为她的文字，只能从上海这座城市得到滋养，才能绝代风华，才能横绝于世。这之后，她的文字便随之黯然失色，不见了华丽，不见了犀利。

她离开前还去了趟西湖。面对潋滟湖光、悠长苏堤、典雅亭阁，以及那些无法触摸的清凉与遥远的江南诗意过往，她做了何想，已经无从知晓。但是，有一点是可以肯定的，当时，大陆的任何地方已经都无法安放她这颗满是创伤的心。

只是，她没想到，这次离开，竟是永别。此后，她再也没能回来。

这，应是她离开前未曾料到的。

当初，她是以申请赴港读书为由离开的。怀着一颗紧张而急迫的心出发，先从上海坐火车到广州，后又坐火车经深圳到香港。护照上，她用的是个笔名。在去香港的码头上，等待检查时，一个民兵审视了她一眼，又看了看照片问：“姓张？行李中有金银首饰吗？”

她点点头，紧张地说："只有一副包金小藤镯。"

行李递了过去，检查过关的人，并没有看出她是红极一时的大作家张爱玲。他只狠狠地检查了一下她的首饰，并将她那对有着浅色纹路的棕色粗藤上镶着蟠龙蝙蝠的包金小藤镯刮花了，再没有过多地刁难她。后来，她在文章里用一种极其轻松调侃的语调写道："他瞥见我脸上有点心痛的神气，便道：'这位同志的脸相很诚实，她说是包金就是包金。'"

也许是因着这很诚实的脸相，民兵检查完她的行李，就将她放上了船。

爱玲站在船上，终于松了口气。只是，回头的当儿，想着上海，这个她生活了二十五年的地方，有了些酸楚及苍凉感。

她之凡尘，也便只有这些感触了。对于这次自我"放逐"而终成永别，她亦不得先知。

香港空的城

1

1952 年，三十二岁的爱玲，再次踏上香港这片土地。

最初，她申请出境，拿的是港大开的证明，理由是"继续因战事而中断的学业"。到了香港之后，自然是要去港大的。几经周折，在这年的 8 月，她终于获得在港大复读的资格。

然而，此时不再写作的爱玲彻底失去经济来源。身边微薄的积蓄也花得差不多了，她陷入一个无比困窘的境况。无奈之下，她不得不出去谋职。这时好友炎樱邀她去了一趟东京，在那儿却处处碰壁，最后不得不返回香港。可是，她的仓促离开激怒了校方，他们拒绝她再重新复读。

无妨。本来她来港大复读，也只不过是离开大陆的一个借口或者理由罢了。拒绝对她而言不是什么伤害或打击。所以她毅然离开，找了个临时的住处，开始她的谋职生涯。

然而，对于没有工作经验的她而言，想要找到一份工作，还是称心如意的工作，肯定不易。在求职过程中，她这个昔日风靡上海滩的大作家，遭遇了平生最多的冷眼和淡漠。

她说过，“香港是一个华美的但是悲哀的城”。

不过，她的才华终于让她找到了一份满意的工作——在美国驻香港新闻处做翻译，将一些西方名著翻译成中文。她有深厚的国文功底，又能说一口流利的外语，亦通晓很多外语知识，所以，翻译英文作品对她而言是件极容易而又喜欢的事情。

在那段时间，她翻译了海明威的《老人与海》、华盛顿·欧文的《睡谷的故事》以及《爱默生选集》等文学名著。由于对翻译工作驾轻就熟，工作之余，她还有了自己的写作时间，创作出了电影剧本《小儿女》、《南北喜相逢》。在这两部作品里，文风尽现清雅，显示了此刻的她，已洗尽铅华。

亦是在这段工作期间，她结识了宋淇夫妇。而他们，亦成了她后半生最好的朋友。时年，宋淇的夫人邝文美也在美国驻香港新闻处做译员。40年代出生于上海的宋淇夫妇，对爱玲可谓是久仰了，亦是爱玲热心的读者。想不到机缘巧合，他们可以在香港邂逅。

宋淇是著名戏剧家宋春舫之子，十分钟情于中国古典文学，对《红楼梦》亦颇多新颖别致的研究。因此，跟同样是《红楼梦》迷的爱玲有了更多的话题。

人生得一知己难矣。爱玲深知这个道理，所以她很珍惜和宋淇夫妇的友谊。

而宋淇夫妇，待她亦好。举一例可知。

某次言谈中，他们偶提起爱玲的感情，见爱玲缄默不语。于是，在此后交往的半生里，他们都未曾再提起关于爱玲感情的过往。

爱玲的崇拜者向来很多，在香港也是如此。当她身在香港的消息传出后，就经常有人登门拜访。这是爱玲所不喜的。宋淇夫妇知道后，为她免受这外界的干扰，于是在自己家附近，帮爱玲租下了一个房子。他们夫妇的真性情，得到了素来不和人深交的爱玲的认可，亦让在天涯羁旅中的爱玲得到了暖暖的温情。

2

生活趋于安定后，爱玲又生了创作小说的念头。

毕竟，文字于她，始终是一种无法割舍的情结，就如同她父亲和继母的鸦片。所以，在那所宋淇夫妇帮忙租下的小屋里，她又开始了自己的写作生涯。

她创作出了第一本用英文写的小说《秧歌》，由于不是太自信，写完后，她将初稿先让宋淇夫妇看了，才有勇气寄给美国的出版经纪人。

她工作的美新处的处长麦卡锡，很是欣赏她的才华，认为她是个文学天才，更对她能将英文小说写得这样好赞誉有加。

这篇《秧歌》在美国出版后，在读书界得到了不错的反响，时年，更有这样评价颇高的书评：“这本动人的书，是作者的第一部英文创作。所显示出的熟练英文技巧，使我们生下来就用英文的人，也感到羡慕。”

然而，后来爱玲将《秧歌》翻译成中文，在香港《今日世界》连载时，反响却不尽如人意。在香港出版的英文本和中文本，也都销售惨淡。有人说，将文风趋于平淡接近自然境界的《秧歌》，无法满足爱玲之前读者的口味了。他们还沉浸在爱玲带来的比如《红玫瑰与白玫瑰》、《倾城之恋》、《十八春》那样浓稠得化不开的悲情故事里，如此自然平淡的风格，让他们读来自然是味同嚼蜡。

接下来，爱玲又写了《赤地之恋》。

遭遇与《秧歌》一般。

她终于失望，创作骤然减少。

香港这个纸醉金迷的繁华城池，既没有深厚的文化底蕴，亦没有欣赏包容的心。对于爱玲来说，这样的一个地方，不适宜长住。这里的书籍出版，原创极少，所见最多的是翻印大陆、台湾、东南亚以及海外华人的作品。而一个作家，想要创作，需要的是浓郁的文化氛围所赋予的灵感。这里，自然不是。

香港，始终是别处的城。十年前如此，十年后亦如此。这里，终究不是她的栖身之处。

她的城，在上海。

她擅写那个城市里的世俗情爱，没落贵族，市井小民，连写那个城市里的人的坏，她都写得玲珑剔透，若雨夜点燃的一盏琉璃灯，明丽清冷得叫人叹服。她三岁能背唐诗，一首“商女不知亡国恨，隔江犹唱后庭花”，吟诵得前清遗老两泪沾襟；自然还有她熟读的《红楼梦》、《西游记》、《七侠五义》……这些统统都是二三十年代的上海赋予她的。

她的根，在上海。而非香港。

所以，她后来如是感慨：

> 文人该是园里的一棵树，天生在那里的，根深蒂固，越往上长，眼界越宽，看得更远，要往别处发展，也未尝不可以，风吹了种子，播送到远方，另生出一棵树，可是那到底是很艰难的事。

可是，那座城池，她却是回不去了。

彼岸的阳光

1

在香港的爱玲，除了欣慰能遇见宋淇夫妇外，几无高兴可言。我看过她在《对照记》里的那张于香港兰馨照相馆照的照片：

她穿着缎子做的高领短袖大襟衫，衣着在灯光照射下发出柔软的光芒。半昂着头，眼睛朝着侧上方。短发。

这是被公认的尽现她清贵桀骜气质的一张照片。然而，我却从中看到了寂寞，那种从肌肤里透过衣服沁出来的落寞。

这应是她 1954 年前后照的，那时她早已和胡兰成离婚，虽依然于淡妆艳裳中尽现娇媚，如一株盛放的花朵。然而，因了没有赏花人，而开得意兴阑珊。

这样的落寞。再加上文学方面的挫败。在香港待了三年，爱玲最终决定离开。再次将自己“放逐”。

文学带给她的失落，比什么都致命。她可以挥挥衣袖不带走一片云彩地跟爱情、婚姻说再见，可是，她无法做到潇洒地放弃文学带给她的恩宠。

她是个为文字而生的人。所以，文字如同她的命，一旦文字出了纰漏，她便觉得窒息仿似不能活了。

既然，香港这座城，无法让她的文字绽放摇曳如罂粟，那么，她就离开。

斯时，美国颁布了一项难民法令：允许在某些方面有特长的人到美国去，日后还可申请成为美国公民。三年之内，在整个远东地区有五千个名额，其中三千个留给本地人，两千个给外地人。

爱玲是从上海到香港的，这种情况属于外地人申请，只有极小的机会。爱玲深知这点，却仍然立刻提出了申请。法令中有个规定是，申请者必须有一个美国公民做担保。于是，爱玲便请她工作的美国驻香港新闻处的处长——也就是那个欣赏她才华的麦卡锡为她做了担保。

留洋，这是隐藏在她心中多年的向往。

曾经，母亲和姑姑留洋的时光，在她的心中留下了不可磨灭的温暖记忆。因着这样的缘故，自小她便觉得国外是洋溢着浪漫和自由的。那里，是连风、连雨、连尘埃都自由到典雅而放达的。

此际的她，最最需要的就是这种自由下带来的随性、不羁和散漫。最理想的国家是英国，那是母亲和姑姑去过的地方，在那里她们获得了更自由、更独立的精神生活。曾经，她是有机会去的，但是战火将她的美梦打了个粉碎。

如今能去到大洋彼岸的美国，亦是种美好的退而求其次的补偿。

就这样，她说着“要换一种干净利落的活法，要在蓝天碧海下自由呼吸”，开始了她的梦想之旅。

2

1955 年，秋。

爱玲坐着“克利夫兰总统”号轮船，从香港海岸驶向美国。

来送行的，只有宋淇夫妇。

真正离开，爱玲有了不舍。她对着滔滔的浪水，黯然地回头望了又望，如上一次望上海那般。虽然，她对香港并没有上海那样深厚的感情，但那毕竟是中国的一块地界，而如今奔赴的则完全是一个陌生的跟她无丝毫关联的地方。

这样想着，忍不住伸手抚摸了下阳光，这还是中国的阳光，光照在手臂上有着母亲馨香般的气味。留恋，从未曾有的留恋就那样在心头攒动着，直至将她攒动到泪湿眼眶。

在船抵达日本的时候，她就立即给宋淇夫妇寄了一封长达六页的信："别后我一路哭回房中，和上次离开香港时的快乐刚巧相反，现在写到这里也还是眼泪汪汪起来。……"

其实，她对中国始终都有着很深的不舍之情的。

在她未离开中国的时候，就用文字予以表达了：

> 所以活在中国就有这样可爱：脏与乱与忧伤之中，到处会发现珍贵的东西，使人高兴一上午，一天，一生一世。听说德国的马路光可鉴人，宽敞，笔直，齐齐整整，一路种着参天大树，然而我疑心那种路走多了要发疯的。还有加拿大，那在多数人的印象里总是毫无兴味的，模糊荒漠的国土，但是我姑姑说那里比什么地方都好，气候偏于凉，天是蓝的，草碧绿，到处是红顶的黄白洋房，干净得像水洗过的，个个都附有花园。如果可以选择的话，她愿意一辈子住在那里。要是我就舍不得中国——还没离开家已经想家了。

这是写于 1944 年 8 月的文字。在《诗与胡说》的文章中，她就是用这段文字将自己的不舍得离开的心意予以清澈的表达。然而，迫于形势，她不得不离开。我知道，她虽没说不舍上海，但是却知道，这一生她最最不舍的就是上海了。

可惜，自从她离开上海的那一刻起，她的脚步就再也不能回头踱步了。

然而，最让人可惜的是这一次的自我放逐。

她本以为可以用反响不错的《秧歌》来叩开美国文坛的大门，然而事与愿违。

《秧歌》一书虽然反响很好，各方评论亦好，第一版也很快就卖光了，可惜，它却没能挤进畅销书排行榜中。在美国，出版商是非常现实的，一本书得到再多的好评，如果不是畅销书，便就不会有再版的可能。《秧歌》，就落了个好评但不畅销的命运。

这次《秧歌》的短暂的、浮在表面上的成就，给了爱玲一种成功的错觉。可后来的事实证明，一切都是假象，爱玲的文学之路在美国行走得异常艰难；所获得的成功再没有超过《秧歌》。

木已成舟。爱玲或许也有后悔这个决定的时候，却无法回头了。更何况她是那么决绝的一个人。

3

船在美国的旧金山入境，下了船，爱玲就坐火车直接赶往纽约去了。

因为那里有一个她思念的人儿在。那就是她一生最好最亲密的朋友——炎樱。此际，炎樱已经移居美国，在纽约的房地产生意，正做得如火如荼呢。

好友相聚，分外欢喜。

她们又一起逛街、看电影、买零食。仿似在香港和上海时那般，单纯、温馨。然而，还是有什么改变了，在岁月里。

容颜，心境，都早已不是十几岁时那般了。但是，种种这些都是无形的。她们的欢喜，是实实在在地存在着的。

在那个遥远的陌生的国度里，能有炎樱在爱玲的身边，于“张迷”们而言亦是欣慰的事情。这样，我们爱着的爱玲，才不至于太过孤寂无靠。

爱玲到纽约，还有一个人要迫切地见到。他，就是爱玲仰慕已久的胡适先生。

张家和胡家还颇有些渊源。爱玲的祖父张佩纶和胡适的父亲胡传有一段交情。据说，张佩纶在胡传事业受阻时出手帮助过他；后来张佩纶被贬，胡传亦知恩图报，给困境中的张佩纶寄去了二百两银子。到了胡适这代，胡适成了张家人人崇拜的对象。爱玲的父亲、母亲、姑姑，皆都崇拜着他，姑姑、母亲在留洋时因与胡适一起打过牌，而时常引以为傲；父亲亦很是喜欢胡适的文章，买过很多胡适的文集。爱玲也在父亲的影响下，很早就接触到他的作品了，对他亦仰慕得很。在港大时的那场战事中，爱玲冒着炮弹的轰袭，痴迷地读了几天《醒世姻缘》，就是因为之前读了胡适先生考证《醒世姻缘》的著作。可见胡适先生在她心中的地位。

《秧歌》出版时，爱玲还专门从香港给胡适先生寄过去一本。那时，胡适正在美国普林斯顿大学葛斯德东方图书馆当馆长。爱玲寄过去那本《秧歌》，希望能得到他的指正。很快，爱玲就收到了胡适先生的一封长长的回信，信中对《秧歌》做了细致的评论，对爱玲的才情亦很欣赏，认为她的作品极具文学价值，并问道：“你在这本小说之前，还写了些什么书？如方便时，我很想看看。”

这无形中给了爱玲以无比大的鼓舞。

能得到自己景仰的前辈看重，爱玲在受宠若惊之际，亦喜出望外。所以，她到纽约不久，便迫不及待地和炎樱一起去拜访了胡适先生。

在纽约东城区八十一街，爱玲和炎樱叩响了胡适先生的门。此时，胡适已经脱离政坛，开始他寂寥而又闲逸的生活。在这里，他深居简出，很少见客，过着一种晒太阳、喝茶、读书的安宁好时光。

胡适热情招待了她们。爱玲一向不善言谈，虽然内心翻滚激荡着，但是大多时候都在静静地倾听着。所幸炎樱善谈，她与胡适先生活泼地交谈着，而没使气氛太过尴尬。那日，爱玲还见到了胡适先生的太太江冬秀，亦是个和蔼温善的老人。二人皆好客，这让初见胡适的爱玲心里有了说不出的暖意。

相见甚欢。

后来，爱玲在忆胡适的那篇文章中如是写道：

> 适之先生穿着长袍子。他太太带点安徽口音……态度有点生涩。我想她也许有些地方永远是适之先生的学生，使我立刻想起读到的关于他们是旧式婚姻罕有的幸福的例子。

几天后，爱玲忍不住再次去拜访了胡适先生。

这次，她参观了他的书房。高大的书橱里，排列着一沓沓夹着许多凌乱纸片的文件夹，那是胡适先生所做的各种笔记。看着这些，爱玲更升腾起一股对胡适先生的敬佩之情。

这次聊得更好，更亲近。

缘于过往交情，亦缘于对爱玲的欣赏，胡适先生对爱玲非常照顾。唯恐她在异国他乡的日子寂寥，多次打电话问候。后来，有一天，他还亲自来到爱玲的住处探望她。

那时，爱玲已由炎樱的住处搬离了出来，经炎樱好友的帮助，住进了救世军办的女子宿舍里。这个宿舍，如同贫民窟一般简陋。尽管炎樱不同意，但是，爱玲知道出来就是要独立的，所以，坚持住在这里。炎樱无奈何，只得顺从了她。

可是，胡适先生来探望她的那天，她有些尴尬了。她请他到了那个黑洞洞足有学校礼堂那么大的客厅里坐，在空旷的大客厅里，爱玲窘得有些无所适从。倒是胡适先生，随和、善解人意，为缓解爱玲的尴尬，一个劲地赞这个地方不错。

爱玲自是体会到胡适先生的善解人意。临别时，她对这个景仰已久的长辈产生了很深的依依不舍之情。后来，在那篇忆胡适的文中她亦写道：

> 我送到大门外，在台阶上站着说话。天冷，风大，隔着条街从赫贞江上吹来。适之先生望着街口露出的一角空濛的灰色河面，河上有雾，不知道怎么笑眯眯地老是望着，看怔住了。他围巾裹得严严的，脖子缩在半旧的黑大衣里，厚实的肩背，头脸相当大，整个凝成一座古铜半身像。我

> 忽然一阵凛然，想着：原来是真像人家说的那样。而我向来相信凡是偶像都有“黏土脚”，否则就站不住，不可信。我出来没穿大衣，里面暖气太热，只穿着件大挖领的夏衣，倒也一点都不冷，站久了只觉得风飕飕的。我也跟着向河上望过去微笑着，可是仿佛有一阵悲风，隔着十万八千里从时代的深处吹出来，吹得眼睛都睁不开。

在那一年的感恩节，晚上和炎樱狂欢一番喝得有些醉意的爱玲接到了胡适先生的电话。因为怕爱玲在节日里寂寞，于是约她一起去中国馆子吃饭。可是那天爱玲不只喝得有些醉，还在寒夜里着了些凉，一回到住处就呕吐不止。无奈下，感动不已的爱玲，只能很抱歉地说自己刚吃了饭，而且身体很不舒服。胡适听后，叮嘱爱玲一定要保重身体，就挂了。

这之后，爱玲和胡适再没有见过面。不过，没有断了联系，他们时常通信，爱玲申请到亨亨顿 · 哈特福基金会的作家营居住时，胡适还做了担保人之一呢。后来，胡适还将自己批注的《秧歌》一书寄给了爱玲。

1962 年，胡适在宴会上演讲后突然逝世。爱玲听到此噩耗后，说他是无疾而终，有福之人。并撰写一篇情深义重的悼念文《忆胡适之》，来向这位她景仰的前辈致以最深挚的怀念。

在爱玲那段飘零的寂寞如烟花的岁月里，能逢着胡适这样慈爱、温善的老人，亦是种福分。茫茫人海，异国飘零中，他给予她的恩惠及关爱，温暖了她许久许久。

陆……

生命是一袭华美的袍

她在俗世的荒野中

遇到了他

就此而生了

凡俗幸福的心

我又遇见你

1

在时间的流逝中，爱玲越来越拮据。时年，《秧歌》虽然在美国出版，但是，因为不在畅销行列，所以并未为爱玲带来多少经济收益。又因没有工作，在美国的日子，便有了坐吃山空的趋势。

而救世军办的女子宿舍，更不是个长住之处。

她不得不为接下来的生活做一个重新的打算。

彼时，在美国有一种叫做“文艺营”的地方，免费为一些有才华的艺术家提供住宿，好让创作者可以无后顾之忧地进行创作。

出于可以继续写作的想法，爱玲于 1956 年 2 月 13 日，向位于新罕布什尔州的麦克道威尔文艺营提出了申请：

> 亲爱的先生 / 夫人：我是一个来自香港的作家，根据一九五三年颁发的难民法令，移居来此。我在去年十月份来到这个国家。除了写作所得之外别无其他收入来源。目前的经济压力逼使我向文艺营申请免费栖身，俾能让我完成已经动手在写的小说。我不揣冒昧，要求从三月十三日到六月三十日期间允许我居住在文艺营，希望在冬季结束的五月十五日之日后能继续留在贵营。张爱玲敬启。

她发出的援助申请，很快得到了答复——文艺营表示愿意接纳她。

1956 年 3 月中旬，爱玲坐上了从纽约到波士顿的火车，然后又转乘巴士抵达新罕布什尔州，最后到达目的地彼得堡镇。如同一叶孤舟，慢慢地漂着。看了让人心疼。

经历一番颠沛之后，终于在暮色四合时抵达麦克道威尔文艺营。当看着从窗子里流泻出来的柔和灯光时，爱玲心里有了一种久违的暖意，她仿似看到了爱丁顿公寓里她和姑姑住的房间里的灯光一般，有种“似曾相识燕归来”的错觉。

这座位于彼得堡镇的文艺营，是个漂亮的典型的欧洲庄园，由几十所独立的艺术家工作室、图书馆、宿舍，及用来社交的大厅组成。这里远离尘嚣，十分适合创作。

创建人是一位作曲家的遗孀。

爱玲的工作室，是一间木屋，简洁而不失温馨。进去，一盆燃烧着的炉火给爱玲带来了心灵的安宁。她为自己沏了一杯咖啡，倦懒地坐下，筹划着她的写作计划：她计划写一本名叫《粉泪》（*Pink Tears*）的英文小说。这本小说，就是后来的那本《怨女》。

《怨女》，实际上就是爱玲当年风靡上海滩的《金锁记》的拓展本。曾经，《金锁记》将爱玲推上一个极致的高度。而今，她将这个故事原型拓展成英文本，是有着极大的信心的。

可是，事实证明，离开了上海那片沃土，她再也没能创作出高于上海时的成就的作品。

还好，这次命运之神待她不薄。

她来到这个文艺营，遇到了她的对的缘分。

2

麦克道威尔文艺营，有着固定的作息时间。

艺术家们，每天早上在一起共进早餐，然后再各自回到各自的工作室专心创作。午餐，则由专人送到他们各自工作室的门口。下午四点之后，则是自由活动的时间，往往艺术家们会聚在一起谈天说地，好不热闹。

爱玲喜静，聚会聊天的事儿，她甚少参加。她总是独自在木屋的轩窗下，静静地写作。累了，抬头看看窗外寂静而空明的山林，及自由欢快游走的动物。然后，再继续写作。

然而，岁月潋滟，缘分天定。

——她还是遇到了赖雅，那个她生命里的第三个男子。

那是3月的事情，爱玲和一个叫赖雅的男子在自由活动期间相识了。

起初，他们没有说什么话，只是彼此致意，然而，彼此的心中却留下了深刻的印象。

赖雅，何人呢？能让艳绝的爱玲为之心动。

赖雅，德国移民后裔，年轻时被视为文学天才。个性洒脱，知识渊博，处世豪放。结过一次婚，有一个女儿。不过，生性豪放自由的他不善经营婚姻，之后以离婚收场。从此，他的生活趋于一种散漫随性的状态，周游列国，以卖文字为生。

但是这样的资料，略显单薄了些，于“张迷”而言。因为，在“张迷”的心中，能与之匹配的男子，必定有着惊艳世人的才情才可。

我又看到这样的资料：

> 赖雅，他极具文学天赋，曾经为世界各大报刊写稿，也为好莱坞写电影剧本。天生喜欢交友，并乐善好施、仗义疏财。和许多世界著名文学大师是朋友，譬如，庞德、乔伊斯、康拉德……与德国剧作家布莱希特交往，更展现出他的性情和才情。曾经，布莱希特因为反对纳粹政权被迫流亡到美国，赖雅便慷慨地在经济上给他以资助；其间，他们还一起合写了两个反响很好的电影剧本。然而，后来当布莱希特声名鹊起后，他对赖雅却变得极度冷漠。赖雅豁达，并不以为意，还照样积极地向别人推荐他的作品。

回过头，我们再继续他们的相逢。

那时，暴风、大雪经常不期而至，他们因为惺惺相惜着而温暖了彼此。

爱玲渐渐喜欢上这位经常一身白衣白裤、颇有绅士风度的男子。她喜欢他的高谈阔论，喜欢他的风趣幽雅。于是，一颗异乡飘零的冰冷心，有了久违的暖暖温度。

而赖雅，亦被爱玲这个神秘、优雅的东方女子，深深吸引。

于是，他们开始了更深的交往。

他们经常聚在一起，谈文化、谈人生、谈阅历，且是越谈越投缘。爱玲把自己的小说拿给他看，他便对爱玲的文采赞不绝口；他则跟爱玲讲述他这些年经历的奇闻逸事，爱玲常常会被他逗得欢笑不已。

他们的心，随着交往的深入，也越贴越近。

再后来，他们终于走到了一起。在爱玲那间小木屋里，他们在皑皑白雪之中，相互依偎，相互取暖。生活，经由着这缱绻旖旎的爱情而美好无比。

爱玲说过，“爱情使人忘记时间，时间也使人忘记爱情。”

3

若不细究，这会是段“佳偶天成”的好姻缘。

可是，一旦细究，凡爱惜爱玲的人，心里都会起森森的凄凉感。

且看。

她和他相遇时，她三十六岁，风华正茂。

而他六十五岁，已是个风烛残年的老人。

再看。

赖雅，虽文采斐然，但是却无论如何都不能将自己的文学给演绎到一个登峰造极的境界。相反，随着年龄的增长，他的身体和才华、经济和运数都在走着极端的下坡路。另外，他摔断过腿，又几度中风。

另外。

赖雅性格豪爽，对金钱毫不在乎，爱玲则性格内向，对钱财喜欢斤斤计较。

这样的赖雅，无论从年龄、经济、健康以及各方面的状况，都无法给爱玲一个真正的安稳。要知道，她是多么希冀乱世之中，能有一个“岁月静好，现世安稳”的生活状态。

可是，任我们后世人有千般万般的疑问，也阻止不了那时的既成事实。

他们，最后还是相爱了。

那年的5月，他们开始了正式的恋爱。

本来，赖雅到麦克道威尔文艺营，是希望这儿的暂时安定能给自己一个可以重振文学雄风的机会。却未曾料到，在这里幸运地遇到传奇艳绝的才女爱玲。这，真是上苍对他的无比恩赐。要知道，这之后，因着爱玲的陪伴，让他免去了一个困顿的、潦倒的、孤独的晚年，而得以度过一个安详的、平和的、舒心的晚年。

爱玲说过，“我们很接近，一句话还没说完，已经觉得多余。”

因为彼此懂得，所以默契斐然。

凡尘之间，爱玲已经经历过那段刻骨铭心浪漫的爱情，而且那份爱情带来的伤还在隐隐作痛。她如何还能接受一份这样的爱情呢，不能，她已经被伤得遍体鳞伤的身心断然再不能接受。当初，她就说过，“再爱不了人”。如是，她便只要一份有着默契、亦可懂得的平凡的爱情。这样，即便经历情变，她也不至于再被伤得体无完肤。

蓦然想起爱玲那句：“于千万人之中遇见你所遇见的人，于千万年之中，时间的无涯的荒野里，没有早一步，也没有晚一步，刚巧赶上了，那也没有别的话可说，唯有轻轻地问一声：‘噢，你也在这里吗？’”

也许，换一种俗世的心境，这句话亦是对赖雅说的。

竟是新相知

1

一个繁复的人，经历颇多后，是愿意回复到本真的简洁静谧生活状态中的。

比如，爱玲。

那段轰轰烈烈、如繁花的爱情，她已经将之隐为暗里的影，再不愿清楚地辨认。如今，她只愿清减地度日。要简洁的感情，简单的偎依。

本来和赖雅因为投缘之，默契之，而谈起恋爱，是为了获得一份简洁的感情及一份简单的偎依而已，并没做其他更深入的打算。比如说，结婚。因为，几经飘零，她已心无繁花，做不得为谁洗衣煲汤的打算了；而赖雅自从离婚后，一直四海为家地漂着，亦没想过要为某个女人停留。

所以，在赖雅的文艺营的限期到了时候，他们彼此都没给对方任何承诺。

分开后，赖雅转去了纽约北部一个叫耶多文艺营的地方，继续他的浪子生活；而爱玲则留在麦克道威尔文艺营，继续着她的创作。

这是段淡的爱恋。分离了，亦不见刻骨铭心的。

事实上，他们原本都以为这次分别，再相见已无分了，只记得曾经温暖过彼此罢了。可是，谁知冥冥中早就有安排，在流水光阴里，他们注定要走在一起。而这份注定中的牵系，来自一个腹中的小生命。

那是赖雅走后，爱玲惊奇地发现自己怀孕了。于是，在7月的某一天，她给赖雅写信告诉他自己怀上了他的孩子。接到信的赖雅，虽惊讶万分，但是他是个负责任的男子。他开始仔细地考虑与爱玲的未来。他是那么的喜欢爱玲这个美好可爱的女子，于是，最后他决定向爱玲求婚。当下，他就写下了一封充满激情的求爱信，寄了过去。

为了爱情，爱玲再次收拾行囊踏上奔赴一个男人的征途。

只是，这次不同。她不再忧心忡忡，而是满怀欢喜。

那天，赖雅很早就到了火车站去接爱玲。看得出，他亦欢喜。他们一起到了间旅馆，安顿好，赖雅就正式向爱玲求了婚。不过，爱玲欣喜之外，心底还生出一份大的失落。原因是，赖雅提出的一个要求，他要求爱玲将那个孩子打掉。爱玲那时已经三十六岁，这次可能就是自己最后一次做母亲的机会，她自然不舍。但是，她深知自己和赖雅都是自身难保的处境，都居无定所、漂泊不定着，如何能养起一个嗷嗷待哺的孩童呢。于是，虽心有失落，但还是答应了赖雅的要求。

孩子，绝不是他们结合的理由。

孩子，只是一个让他们找到相结合的契机。

所以，无论幸福与否，他们坚定地结了婚。

1956 年 8 月，爱玲和赖雅在纽约举行了简单的婚礼。彼时，爱玲三十六岁，赖雅六十五岁。而好友炎樱，依然是证婚人。

婚礼结束后，他们携手游遍了纽约城，度了一个浪漫温馨的蜜月。

爱玲写信将自己结婚的事告诉了在伦敦的母亲黄逸梵。黄逸梵得知消息后，很是高兴。她虽然甚觉年长女儿近三十岁的赖雅配不上女儿，但是，在那霍霍的乱世里，爱玲能有一个依靠总是好的，而不至于落到一种孤苦伶仃的地步。

虽然，这次婚姻是单调而枯燥的，全然没有第一次婚姻那样的浪漫和激情，可是，于爱玲而言，却至为心满意足。“死生契阔，与子相悦，执子之手，与子偕老。”这是她爱的句子。那个给她一纸婚约，许诺她岁月静好、现世安稳的，带给她激情与浪漫的男子，因为薄情、“博爱”而断然给不了她这“死生契阔，与子相悦，执子之手，与子偕老”的长相依的美好。可是，真诚良善、热情豁达、有涵养、有智慧的赖雅却能够，虽然他亦是浪子，但是他毕竟有着男子该有的担当。

2

婚后，两个月。

回到麦克道威尔文艺营的赖雅再次中风，并且接近死亡。直到第二年年初，才渐渐转好。

这段时间里，爱玲一直陪在他身边悉心地照料着他。后来，好起来的他，却江郎才尽，再写不出什么作品了。事实证明，在他们相伴的十年光阴里，反而他越来越依赖爱玲。两个居无定所的人，仅靠着爱玲一个人卖字为生。其窘迫情境可想而知。

可是，爱玲的心里并不苦。要不她不会十年相伴自始至终。或许，能有一个人可以与之“执子之手”，她便自潋滟了，不管形式如何。

由此看来，她是一个情意深重的人。

曾经，对那个“清酒一盏，月色昏沉中‘对人如对花，虽日日相见，亦竟是新相知’的情场纵横的高手”胡兰成如是。如今，对老朽的、风烛残年的赖雅更如是。

记得她在《红玫瑰与白玫瑰》中写过这样的句子：

> 振保的生命里有两个女人，他说一个是他的白玫瑰，一个是他的红玫瑰。一个是圣洁的妻，一个是热烈的情妇——普通人向来是这样把节烈两个字分开来讲的。
>
> 也许每一个男子全都有过这样的两个女人，至少两个。娶了红玫瑰，久而久之，红的变成了墙上的一抹蚊子血，白的还是“床前明月光”；娶了白玫瑰，白的便是衣服上的一粒饭黏子，红的却是心口上的一颗朱砂痣。

于我看来，胡兰成和赖雅，便似了她生命中这样类似的两个男人。只不过，她不善变，爱了就死心塌地。所以，他们便分别一个是她的“朱砂痣”，一个是她的“床前明月光”，皆是她用整个身心真挚地去爱着的。

从初相逢那刻起，胡兰成就成了她心口的朱砂痣。让她在被他烙印上的那刻，即刻从尘埃里开出花朵来。也是，他风度翩翩，他敏思多情，如同流泻在心口的一股温泉，让她在寂冷中激情喷发，情感一泻千里。她当真至爱他，且爱到失了灵性，独自萎谢了。可是，她从未怨悔过，因为他带给她的快乐无以用言语来衡量。所以，暮暮朝朝，绽放、凋谢，结局如何不重要，重要的是经历过，深爱过。

因而，胡兰成虽然负她，却无法抹去他在爱玲心中的那独一无二朱砂痣的地位。

赖雅呢，则是她的“床前明月光”。他用他的净白、皎洁，给了她那萎谢的身心以再次绽放的养分。于是，爱玲便决定用余生来好好爱这个良善的男人。也许，此后经年里不会再有倾城，亦不会再现绝代，但是她亦不悔。

爬满了跳蚤

1

我们中国有句俗语：“贫贱夫妻百事哀”。

爱玲和赖雅这对飘零的夫妇，在相伴的十年里，真真是应了这句话。

也许，这是爱玲命中的劫。

——要了心之潋滟，便要受体肤之罪。

她自和赖雅结婚后，她所有的时间除了努力写作挣钱外，就是照顾年老多病的赖雅。

可是，这是她的选择。

再回到他们结婚最初。

那时，爱玲虽沉浸在新婚的幸福中，但是她的写作事业却不顺。她的几部新小说投出去之后，都一直杳无音讯。那本她寄予厚望的《粉泪》，也是无人问津。爱玲有些承受不了这样的结果，为此她伤心地病倒了，病得好几天都卧床不起。

没有作品发表，对于她这个靠文字卖钱为生的人而言，是致命的。因为，这将意味着她没有任何经济收入。

而丈夫赖雅呢，更是无法指望。

以前赖雅虽富有，但是他也挥金如土，如今已是特别落魄了。加上身体不好，他已无暇在写作上有什么追求了。

生活，随即陷入一个窘迫至极的境地。常常，他们会为夜宿何处悲哀，为一顿饭钱发愁。唯一可安慰的，也就是彼此在一起了。可是，没有面包的爱情，再真挚也是让人辛酸的。

后来，幸亏哥伦比亚广播公司要把《秧歌》改编为电视剧，爱玲因此获得了一千四百四十美元的报酬，解了那时的燃眉之急。可是，她伤心极了，原因是她获得报酬的背后是自己的作品被改编得面目全非。要知道，她是多么的爱惜自己的作品，那是如同生命的呀！

伤心要短暂，生活要继续。

用这笔稿酬，他们租下了一处带家具出租的公寓，虽然租金有些贵，但是可以拥有一个像模像样的家，对他们而言更为珍贵。有了这样一个临时的家，爱玲像个雀跃的孩子，高兴地到处去“淘宝”，一旦淘回物美价廉的物事，爱玲总会乐上个半天。

1957年8月，爱玲收到了母亲病危的电报。然而，迫于生计，她没能买张飞往英国的机票去看望母亲最后一眼。倒是母亲去世后，将一个装满古董的箱子留给了爱玲。这是母亲留给爱玲的唯一遗物，可是，为了贴补家用，不得已，爱玲还是将其中一些物品变卖了。

不是她不念情，而是生活太残酷。

后来，因为写作事业上一直失意，爱玲决定重新回到大城市中，因为大城市的成名机遇要比小城市多太多。于是，1958年，他们向赖雅曾经待过的南加州的亨亨顿·哈特福基金会文艺营发出了申请。很快，他们得到了批准的答复。

在亨亨顿·哈特福基金会文艺营居住了六个月后，他们于1959年2月搬到了旧金山。在旧金山，他们租住了一个房间，过起了一段稍安定的生活。

1960年7月，爱玲正式获得了美国公民的身份。

自此，她的生命和生活，彻底地在美国这个国度上扎下了根。

只是，写作事业一直不见起色，这让她的生活亦经久看不到闲适的光明。

2

曾经，在香港待了三年的爱玲，很欣慰结识了宋淇夫妇。

事实上，这种欣慰一直伴随着她整个定居美国后的那些飘零岁月。

在她因为写作上的诸多不顺，而使生活陷入困顿中时，时任香港电懋影业公司制片的宋淇，在知道她的困难后，就帮她想出了一个渡过难关的办法——为电影公司写剧本。

于是，从1956年起，爱玲为电懋影业公司写了诸如《情场如战场》、《人财两得》、《六月新娘》、《桃花运》、《小儿女》、《南北和》等喜剧剧本。本来，爱玲在写《太太万岁》时，就积累了很好的写喜剧电影的经验，所以写来很是轻松。而电影剧本一经拍摄成影片，亦很受欢迎，票房成绩也很不错。

不过，这些对爱玲而言不重要，重要的是报酬。

在宋淇的帮助下，她的稿酬达到了每篇八百美元到一千美元。这笔不小的收入，确实为她大大地解决了在美国的窘境，并且有很长一段时间她都是靠着这份收入来维持生计的。

然而，在美国的写作前景却愈来愈迷茫，愈来愈看不到方向。她觉得，不能再这样坐等光阴消磨了。此时，宋淇所在的影业公司恰好约她到香港写剧本，而她亦想为自己正在创作的新小说《少帅》搜集材料，因此，希望借着这次机会到台湾和香港做一次远行，以此来寻找一些灵感。再者，或许还能在经济上有所收益呢！

于是，她将这个打算告诉了赖雅。此际，赖雅正病体支离，无以自立。所以，当爱玲对他说时，他是坚决反对的。他是担心，爱玲想借此离开自己，再也不回来了。尽管后来他同意了，尽管爱玲给他留下了一笔钱，还将他托付给他的女儿霏丝，他还是有一种被抛弃的绝望暗生。

这时，他们结婚已经五年了。

1961 年，爱玲乘着从美国飞往台北的飞机，来到台湾。这个陌生的岛屿，让她感受到祖国久违的温暖。

来接机的是她之前在香港新闻处工作时的上司麦卡锡，现在他正任台北美国新闻处处长。他将爱玲接到自己的别墅住下，另外，他还为爱玲安排了一个特殊的见面会。麦卡锡在台北国际戏院对面的大东园酒楼设宴，举办了一场特殊的文艺沙龙。当时台湾大学的几个文学青年办了一份《现代文学》，这几个文学青年就是后来在台湾文学界赫赫有名的白先勇、王文兴、欧阳子、陈若曦等人。麦卡锡很是欣赏他们，又知道他们很喜欢爱玲，于是，便特意安排了这次见面。

大家谁都没见过爱玲，于是，在爱玲来到之前，纷纷猜测着爱玲的长相。陈若曦问白先勇："你想她是胖还是瘦？"白先勇不假思索地回道："她准是又细又瘦。"一位胖太太听了接过话来："我曾经问过麦卡锡先生，他说张爱玲很胖很邋遢。"大家听了正失望呢，一抬头看到一个清瘦孤绝气质超然的女子进来了。只见她皮肤白皙、身材苗条、打扮时髦，一身素净的旗袍，将她衬托得极为年轻。

大家同时怔住了，惊叹地张大嘴，心底嘀咕着：“这，准是张爱玲。”

她的美，在于韵味，而她的韵味则是无人可取代的。

怪不得陈若曦在《张爱玲一瞥》中如是言说着：“浑身焕发着一种特殊的神采，一种遥远的又熟悉的韵味，大概就是三十年代所特有的吧……”

而白先勇的回忆则是：她语调很轻，很慢，她甚至有些敏感、羞涩。

在来台湾之前，爱玲读过一些台湾青年作家的小说，其中有王祯和的《鬼·北风·人》。她对这篇小说里写到的台湾的风土人情很感兴趣。于是，她跟在座的王祯和谈得很投机。她对王祯和说：“看过你的《鬼·北风·人》，真喜欢你写的老房子，读的时候感觉就好像自己住在里边一样。”

王祯和听后，便邀请她去他花莲的老家住上几日，来体验下那种老房子。

爱玲欣然答应。

王祯和请了一个星期的假，陪着爱玲在花莲到处参观。他们在花莲的大街小巷穿梭游览，爱玲像个刻苦的学生，一路观察、一路品味，一路记录着。他们甚至还去看了花莲的妓女。爱玲对她们的生活很是好奇，而妓女们从未见过如此时髦的女子，亦对她很是好奇。如是，她们成了彼此的风景，都饶有兴味地观察着对方。真有意思。

他们还一起去了花莲最古老的城隍庙。看着城隍庙里的白瓷砖，爱玲竟觉得像浴室。后来，他们还在一天夜里观看了阿美族的丰年祭。舞蹈场面之壮观，原始生命力之惊艳，皆让爱玲记忆深刻。

花莲之游，让爱玲暂时忘却了几年来的羁绊生涯。

于王祯和而言，这次花莲之旅则是毕生难忘的，曾经他说："她那时的模样年轻，人又轻盈，在外人眼里，我们倒像一对小情人，在花莲人眼里，她是'时髦女孩'。因此我们走到哪里，就特别引人注意。我那时刚读大二上学期，邻居这样看，自己好像已经是个'小大人'，第一次有'女朋友'的感觉，喜滋滋的。"

这次分别之后，他们之间一直有信件往来。

不过，数年后，王祯和去美国，想要见爱玲一面，却被她拒绝了。也许，那时离群索居、闭门谢客的爱玲，不愿再和过去的人和事有任何交集了。她，只想过最最平淡的无人打扰的宁静生活罢了。

这次台湾之旅，本来是至为明丽欢愉的。但是，赖雅在美国中风的消息，打扰了她的这份明丽欢愉。

她原本打算从花莲到台东、屏东，参观当地独特的矮人祭，后到高雄，再回台北的。可是，当她来到台东时，当地火车站的站长转告她，接到麦卡锡的电话，说赖雅中风了，请她马上回台北。

听到消息后，她想立刻飞回美国。可是，思量一番，还是放弃了。只因，她身上的钱已经不够返回美国的几次转机的费用了。已经快到了山穷水尽的地步了，她即使找朋友借到回去的钱，那么回去也是徒劳，只增一堆的伤悲。

而她这次回国的目的，是为了寻找机遇。如今，才到台北，还无甚收获呢，就要打道回府。她有些不甘，决定转机到香港，找宋淇，希望能在他工作的影业公司里获得一些合作的机会。

于是，她于无奈中割舍掉对赖雅的挂念，转机去了香港。

3

再度踏上香港这片土地，爱玲百感交集。

曾经，这里留有她青涩纯净的身影，亦留有她郁郁不得志的身影。这次，再度重回，她不知道这座城将给她怎样的一个留念。好的，坏的，她不得而知。

她是多么希望，这座城能够给她带来一缕温暖的阳光，好温暖此刻黯然心冷的她。

可是，会吗？这座冰冷的城池。

接待爱玲的是老朋友宋淇，他向爱玲转达了公司请爱玲创作《红楼梦》剧本的意愿。表示一切顺利的话，爱玲可以获得两千美元的稿酬。这，对那时的爱玲而言，无疑是一个至为心动的数目。再加上《红楼梦》本是她此生的最爱。于是，她痛快地答应了。

她在宋淇家附近租了一个小房间，每天从上午十点工作到第二天凌晨一点。却不觉得辛苦，因为她要为了生命中那个需要照料的丈夫赚那笔不菲的稿酬。然而，人毕竟不是铁打的，很快病痛就找到了她。她本来就近视，如此超负荷的工作使得她的眼睛得了溃疡，时常出血，必须要找医生打针；长时间地坐着写东西，使得她的双腿开始浮肿，一走路就疼。本来她想去买一双大一点、软一点的鞋子，可是没有钱，只能放弃。

即便如此辛苦，她还是不断地写信给赖雅，安慰他。他还是对爱玲的决绝离开有着怨气，虽然他明白爱玲这般做纯粹是为了生存。但是，他一想到爱玲可能不回来了，心里就有了怨怪。因为，他决然没有一丝把握爱玲能再回来。

尽管他此时，在女儿家附近已找到了座甚为满意的公寓，并安定了下来。但是，爱玲仍是他余生里的唯一依靠。

爱玲顾不了那么多了，陶潜都为了五斗米深深折腰，她又能如何呢？于是，她唯有不断地写信安慰他。并且，在她心里，她亦深深挂念、思念着他。

事实上，她之所以这般拼命地写这个剧本，也全都是为了她和赖雅之后的岁月好过些的。

经过千辛万苦，爱玲总算将《红楼梦》的剧本写完。可是，当她将剧本交给宋淇时，他却说自己还做不了主，要给公司的上级看后才能定稿。爱玲无奈，只能等待。然而，等待的日子最为煎熬、漫长，而且还渐现了窘境。宋淇看在眼里，为了缓解她的困窘，他安排了另外一个剧本给她写，并且可以得到八百美元的稿酬。

爱玲算了下，这笔稿酬可以支撑她和赖雅度过四个月的日子。于是，欣然答应了。

只是，她的逗留招来了赖雅的误会，他以为她在逃避。爱玲很委屈，于是给他写了一封信。字句间，尽见她这几个月历经的辛苦。大意说，她自己工作了几个月，累得像只狗一样，却没有拿到一分稿酬。

不知，看到这封信的赖雅会做何想，是否会心疼爱玲。

她为了生活，为了他，都已经将自己轻贱若蝼蚁，而他这边还在埋怨猜疑着。

然而，真是屋漏偏逢连夜雨，新的剧本写完，却没有通过。而《红楼梦》剧本的审核结果自始至终都没有任何消息。原来，电影公司对这个剧本有着最后决策权的两个人根本没读过《红楼梦》的原著，他们希望拍成一部俗套的言情戏，来赚取票房。

爱玲知道后，觉得这是对《红楼梦》的曲解，因此拒绝妥协修改。这个事情，就这样僵着了。

她绝望了，在山穷水尽之时绝望了。她这次香港之行亦成泡影，无任何收获。她决定回去了，可是她已几近分文未有了，不得已只能向老朋友宋淇夫妇借钱。不知是因为借钱，还是因为什么缘故，她在给赖雅的信中写道："他们不再是我的朋友了。"

我想，之所以这般怨恨，也许是在香港的这段日子太过煎熬和屈辱了，几个月的辛苦劳作，换来的是一无所有。她的心情，真的糟糕透顶，再加上后来还要向宋淇借钱回去。本来写剧本是因宋淇，而无所获也间接因了宋淇，末了，会迁怒于宋淇也是可以理解的。

所幸，这句话只是一时气话。事实证明，后来回到美国的爱玲，仍然和宋淇夫妇保持着联系。她一生言爱不多，朋友亦少，能让她与之交心的数来数去也就炎樱和宋淇夫妇了。

后来，她亦将自己所有的遗产都留给了宋淇夫妇。由此可见，宋淇夫妇在爱玲心目中地位是如何之重要了。

4

1962 年 3 月，爱玲拖着一颗疲倦的心，带着委屈和怨恨离开了香港。

赖雅得知这个消息后，高兴得不能自已。他在日记里，认真地记下“1962 年 3 月 6 日是爱玲离港之日”。之前，爱玲已经跟他说回来的日期是 3 月 18 日，但是在 3 月 17 日那天，他就迫不及待地去了一趟机场，眼巴巴地等在那里，足足等了一整天，仿似这般等着，爱玲就会提前来到他的身边。

也是。这段爱玲离开的日子，于他而言是至为煎熬的。他在年纪渐长之中，已经越来越依赖爱玲了，甚至一天都不愿她离开。爱玲在台湾和香港的那些日子，他就不断地给爱玲写信，诉说自己的病情及日常生活。他是要在爱玲那里，博得更多的同情，以此能让她快点回到他的身边。

那日有大风，天亦寒冷。可是，赖雅还是一早就让女儿霏丝陪着来到了机场。所以，爱玲一下飞机就看到了阔别数月的赖雅。他显得更为苍老，亦多了蹒跚之态。不过，他的兴奋溢于言表。他兴奋地告诉爱玲，他自己又换了个新房子，离女儿霏丝家很近，是一个在第六街一〇五号的叫“皇家庭院”的公寓。望着这样的赖雅，爱玲心里有了心疼及酸楚，亦有了一种回家的温暖归宿感。

别的城，都是他城；有赖雅的城，才是她自己的城。

后来，爱玲发现新家最大的好处是离国会图书馆很近，这为他们俩写作提供了很大的方便。赖雅在图书馆申请了一个座位，爱玲也申请了一个。之后，她常常到这个图书馆查找《少帅》所需的资料。

这时的赖雅，或许因为老了的缘故，他越来越享受天伦之乐带来的幸福感。经常，他会去女儿霏丝家吃饭、聊天，与孙辈们嬉戏、下棋、看棒球。快乐之余，他还希望爱玲也跟着自己一起去霏丝家。曾经，霏丝也多次邀请爱玲。但是，爱玲总是以各种理由推辞了。一方面，她本不喜应酬；另一方面，她对后母这个身份亦心有芥蒂。还有，就是她和霏丝年龄相当，却是霏丝名义上的母亲，这让她颇感尴尬。她干脆避而不见。

就在她回到美国之后，她一直合作的影业公司的老板陆运涛因飞机失事丧生。公司即刻面临分离瓦解，不仅那本《红楼梦》的电影剧本没了下文，一直帮助她的宋淇也离开了公司。而这时，爱玲已然成为家里的顶梁柱，他们的日常开销基本上都是依靠她写剧本所得的稿酬维持的。因此，她的困境就又显露出来了。

但是，她不想给身体状况越来越不好的赖雅增加负担，而只能一个人扛起生活重担。她决定搬离现在租金不菲的公寓，搬到了黑人区中的肯塔基院。肯塔基院，是由政府扶持的廉价公寓，租金很便宜。然而，即便这样她还是忧心忡忡，因为此时他们的生活开支，全靠赖雅每个月五十二美元的社会福利金来支撑。于是，她开始四处寻找挣钱的机会。

正好，这时她获悉麦卡锡回到了美国，正在美国之音广播电台供职。爱玲便向他求助。麦卡锡素来欣赏爱玲，于是毫不犹豫地给了她一份改编广播剧的工作，并给她开出了最高的酬金。

但接下来，更糟糕的事情发生了。

一天，赖雅从国会图书馆出来时，不小心在路上摔了一跤，把股骨摔断了，只能卧床不起。可更祸不单行的是，接着他又中风了，最后，完全瘫痪。如此一来，他的饮食起居都需要爱玲照料。使得她原本就沉重的生活状态，变得更加沉重了。

可是，爱玲这个倔强的东方女子，身体里有着刚直的性情，有着极大的担当心。她虽然从未服侍过人，但是她没有忘记自己妻子的角色，尽管瘫痪在床的赖雅，已经大小便失禁，她仍是用足够的耐心去悉心照料着他。为了方便照顾赖雅，她还特意在起居室安了一张行军床，晚上她就睡在上面。

1966 年，爱玲得到了俄亥俄州迈阿密大学的邀请，邀她到大学担任驻校作家。她决定要去，但是又担心赖雅无人照料。本来，她寄希望于赖雅的女儿霏丝。可是，霏丝又要工作，又要照顾孩子，根本无暇来细致地照顾他。无奈之下，她找了两个黑人女子来帮忙照料，并付给她们酬劳。然而，由于赖雅大小便失禁的缘故，她们没能够很好地保持房子里的卫生。

最后，不得已她还是决定自己照顾赖雅。

在到了迈阿密大学不久，她就将赖雅给接过去了。

后来，她离开迈阿密大学，去往哈佛大学雷德克利夫女子学院工作，依然是带着赖雅去的。这时的赖雅已经病入膏肓，瘦得不成样子。他，已感觉到自己是爱玲的一个累赘，变得忧郁而沉默寡言。

既要写作，又要照顾赖雅，还要上班，那段日子里爱玲很苦。可是，她从没有过任何怨言，甚至觉得欣慰。然而没多久，赖雅还是离她而去了。在一个寂寥无声的日子，在爱玲一个人陪伴下，他安静地去了天国。

那是 1967 年 10 月 8 日。赖雅七十六岁，那时爱玲四十七岁。

没有举行葬礼，骨灰由女儿霏丝安葬了。

之后，爱玲又开始了一个人的生活。

曾经，她说过，“我有时觉得，我是一座孤岛。”

柒……

她比烟花还寂寞

对三十岁以后的人来说

十年八年不过是指缝间的事

对年轻人而言

三年五年就可以是一生一世

她是座孤岛

1

赖雅走后，她的岁月趋于安稳。

诚然，到了这个年龄，也不再一定需要一个替她画眉的男子了。爱情，于她已是别人演绎的“镜中花水中月”，只用来欣赏了。

她的世界，除了写作，还是写作。无他。

这，是她的宿命——生来就为文字而生。

赖雅离开后，她将更多的精力都放到写作上了。

她开始修改之前的一些旧作，翻译一本叫《海上花列传》的清末小说，用心地写作自己钟爱的《红楼梦魇》。

1969年，经由夏志清的推荐，她开始转入学术研究方面，到了加州柏克莱大学“中国研究中心”担任高级研究员。这份工作的薪金、待遇都很好，并且她还受到了该研究中心负责人陈世骧教授的赏识。

可是，仍无法遂了她的心意。

那时，学术界有着这样不成文的规律，进入学术界，就必须建立圈内意识，必须适应应酬之事。这对向来对人情世故疏离的爱玲来说，实在有些不易，甚至成了一种严重的心理负担。曾经，她这样在给刘绍铭的信中诉说过：

病倒了，但精神还可支撑赴校长为我而设的晚宴。我无法推辞，去了，结果也糟透了。我真的很容易开罪人。要是面对的是一大伙人，那更糟。这正是我害怕的，把你为我在这儿建立的友好关系一笔勾销。

事实上，她也尽力要融入到大家当中去的。曾经，她就参加过陈世骧的两次家宴，也同大家一起在校园里观看过美国版的《西厢记》。可是，终究是个闲云孤鹤的人，最后她还是选择一个人“寂寞”。

她越来越趋于一种“我行我素”中，从不按时上下班。竟是连和她一起工作的陈少聪、刘大任、宋楚瑜，都难得与她碰面。

后来，陈少聪写过一篇《与张爱玲擦肩而过》的文章，就是描述的那时爱玲工作的情景：

我和她同一办公室，在走廊尽头。开门之后，先是我的办公园地，再推开一扇门进去，里面就是她的天下了。我和她之间只隔一层薄板，呼吸咳嗽之声相闻。她每天大约一点多钟到达，推开门，朝我微微一粲，一阵烟也似的溜进了里屋，整个下午再也难得见她出来。我尽量识相地按捺住自己，不去骚扰她的清静……

他又是那般崇慕、尊敬她：

深悉了她的孤癖之后，为了体恤她的心意，我又采取了一个新的对策：每天接近她到达之时刻，我便索性避开一下，暂时溜到图书室去找别人闲聊，直到确定她已经平安稳妥地进入了她的孤独王国之后，才回归原位。这样做完全是为了让她能够省掉应酬我的力气。

对于人情世故应付不来，也许是不愿应酬。可是，对于这份研究工作，她亦是应付不来的。或许，她根本就不愿将精力放在这上面，她吭哧吭哧地一个一个地码出的字就不是用在这学术研究上的，而是她的那些灿烂如花的文章中的。那时，她将自己这种心态写于给夏志清的诉苦信中：

我刚来的时候，就是叫写 glossary（词语汇编——编者注），解释名词，不要像济安、信正写专论。刚巧这两年情形特殊，是真没有新名词，包括红卫兵报在内，Ctr.（即 Center）又还有别人专做名词，把旧的隔几个月又出个几页字典。如“四斗”，下面列举是哪四项，以后再也没在别处出现，那是这单位巧立名目，其实不算。如果多，我也就一狠心列入，但是也只有四五个。就名词上做文章，又没有中心点。唯一的中心点是名词荒的原因。所以结果写了篇讲文革定义的改变，追溯到报刊背景改变，所以顾忌特多，没有新名词，最后附两页名词。世骧也许因为这工作划归东方语文系，不能承认名词会有荒年。我觉得从

> semantics（语义学——编者注）出发，也是广义的语文研究。他说拿给 Ctr. 代改英文的 Jack Service 与一个女经济学家，与英文教授 Nathan 看了都说看不懂。通篇改写后，世骧仍旧说不懂。

基于得不到认可，又因为对学院生活的不适应，爱玲在研究期限到了之后，就离开了加州柏克莱大学。

此后，她便开始了一种离群索居的生活。

2

离开了加州柏克莱大学，爱玲在加州的生活，就是每天写写字，没有约束，也没有人打扰，倒是很适合她的性情。另外，她的作品开始在皇冠出版社出版，这给她带来了不菲的稿费，并让她足以安静地生活。

事实上，此时在大洋彼岸的中文世界里，早已掀起了一波又一波的“张爱玲热”。

据说，早在 20 世纪 50 年代，因为她的书很受欢迎，在香港市场上就出现了假冒她名字出版的小说。其中《笑声泪痕》（又名《恋之悲歌》）、《秋恋》，是卖得最好的。不过，却写得非常烂。之所以能卖那么火，全凭着署名上的“张爱玲”三个字。

关于这件事，爱玲一早就听说了，或许是懒得管，而没有站出来解释。直到有一天，一个朋友给她寄了本《笑声泪痕》，她看完后觉得写得实在是太糟糕了，这才在一篇文章的末尾特意提醒读者不要去买这些书。

可见，爱玲当时受欢迎的程度。

到了20世纪60年代，爱玲在台湾的名气愈来愈大。这与著名言情小说家琼瑶的丈夫平鑫涛先生，也就是台北皇冠出版社的老板，在这时的推动不无关系。说起来，平鑫涛跟爱玲还有一段很特殊的缘分呢——平鑫涛的堂叔平襟亚早年是在上海从事出版业的，时年《万象》杂志就是由他来发行的。当初，爱玲的巅峰之作《传奇》差一点就交给他的书店出版印刷了。

堂叔没能经营了爱玲的书籍，倒是侄子弥补了这份遗憾。

他们的合作，还得追溯到1966年。那时，由于夏志清文章的影响，在台湾读者中掀起了一波爱玲热潮。彼时，平鑫涛和琼瑶也加入到喜欢张爱玲作品的行列。

某一日，平鑫涛去宋淇家做客，当听到宋淇和爱玲很熟识时，惊喜之余说可以为她出版作品。宋淇当然高兴，于是马上牵线联系爱玲。爱玲听到可以跟皇冠合作的消息，亦很惊喜。只是，那时她所有的时间都用在照料赖雅上了，没办法到台湾签合同，最后还是夏志清帮着给代签的。

签约之后，《怨女》成了第一本在皇冠出版的小说。事实上，一经出版，这本小说就很畅销。而张爱玲这个名字，亦在《怨女》的旋律中，于宝岛里泛起了万千涟漪。接下来的几十年里，随着她的作品在皇冠的不断出版，她的名字成了一股绚丽的热潮，亦成了一个不灭的传奇。

《怨女》出版之后，皇冠趁势接连出版了《秧歌》、《张爱玲短篇小说集》、《流言》、《半生缘》等。就这样，在这些作品的铺陈下，张爱玲在台湾迅速获得了巨大声名。尽管她人在美国，却用自己的文字赚取了当年在上海滩时的盛况。

对于平鑫涛，不善言辞亦不善交际的爱玲还是表达了自己的感激的，她借用给夏志清的信如是写道：

> 我一向对出版人唯一的要求是商业道德，这些年来皇冠每半年版税虽有二千美元，有时候加倍，是我唯一的固定收入……

对于爱玲，平鑫涛先生亦是十分欣赏、尊重及珍惜的。且看他关于爱玲的回忆：

> 张爱玲生活简朴，写来的信也是简单之至，为了不增加她的困扰，我写过去的信也都三言两语，电报一般，连客套的问候都没有，真正是“君子之交淡如水”。为了可以快一点联络上她，平日去信都是透过她住所附近一家杂货店的传真机转达。但每次都是她去店里购物才能收到传真，即使收到传真，她也不见得立刻回，中间可能相隔二三十天。我想她一定很习惯这种平淡却直接的交往方式，所以彼此才可以维持三十年的友谊不变。
>
> ……
>
> 撇开写作，她的生活非常单纯，她要求保有自我的生

活，选择了孤独，甚至享受这个孤独，不以为苦。对于声名、金钱，她也不看重……和张爱玲接触三十年，虽然从没有见过面，但通的信很多，每封信固然只是三言两语，但持续性的交情却令我觉得弥足珍贵……

原谅我用了这么一大段平鑫涛先生的话，我是觉得，若要将爱玲的褪尽铅华的状态准确、恰当、贴合地表现出来，我们这些没接触过爱玲的人，断是不能的。

3

在那段岁月里，爱玲写的《红楼梦魇》和《海上花》不得不说。因为，这是两部沁入她骨髓的、有着浓郁情结的作品。尤其是《红楼梦魇》。

《红楼梦魇》，是爱玲对《红楼梦》研究的一种样本。

对于《红楼梦》，爱玲自小迷恋。小时的她，就经常对《红楼梦》做出惊人的点评，并在十几岁的时候，写出了戏仿《红楼梦》的小说《摩登红楼梦》。

《红楼梦》是伴随她一生的著作。细思下，爱玲小说中也多能看出《红楼梦》中的某些痕迹和影响；爱玲那些灵动入骨的古典语言，亦缘于《红楼梦》这部小说的影响。

但爱玲对于《红楼梦》也不是全部欣赏的。很小的时候，她便觉得后面部分写得不好，后来在香港看到脂砚斋本的批点，得知那不好的后面部分原来是高鹗续写的。于是释然。并有了那句经典的感叹：人生有三大遗憾——海棠不香、鲥鱼多刺、红楼无尾。

正是出于这样的遗憾，她决定自己系统地研究《红楼梦》，如是，便有了《红楼梦魇》。

她自 1967 年开始，陆续花了十年的时间对《红楼梦》进行了研究。

刚出来大纲的时候，她就迫不及待地寄给了宋淇看。宋淇曾开玩笑地将之称为"红楼梦魇"，并且还经常去信问爱玲："你的红楼梦魇做得怎么样了？"

事实上，爱玲在研究《红楼梦》时，是欢心的。她曾经无限感慨地说："偶遇拂逆，事无大小，只要'详'一会儿《红楼梦》就好了。"

终于，在 1977 年，爱玲将自己对《红楼梦》的研究成果结集成册，并命名为宋淇玩笑中的名字《红楼梦魇》。

同年，皇冠出版社将其出版。

二十四万字的《红楼梦魇》，由七篇文章组成：《红楼梦未完》、《红楼梦插曲之一》、《初详红楼梦》、《二详红楼梦》、《三详红楼梦》、《四详红楼梦》、《五详红楼梦》。通本《红楼梦魇》考证严谨，不仅透着理性，亦透着灵性，更饱含着对伟大作品的真诚仰慕。

对于中国的古典小说，她始终有着一种特殊的感情。她曾不止一次地对自己的外国朋友说："中国古典小说跟中国诗画与瓷器一样好。"不过，真正能入她法眼的古典小说并不多。《红楼梦》之外，吴语小说《海上花》也是其不多的里面的一部。

鲁迅先生称赞《海上花》为清代“侠邪小说”的压卷之作；而胡适先生亦称它为“吴语文学的第一部杰作”。

爱玲从小就熟读过这部小说，喜爱非常，更被其间的辞采深深吸引。

然而，被大家如此称誉的《海上花》，却因其写的是妓女，而不被正朔认可。加之它通篇对白都用苏州话写成，对于许多不懂方言的读者可谓是读天书，因而其影响就不足够大。

爱玲深深为它的遭遇鸣不平。

她决定把这部小说译成英文版本，想由此将它推向全世界。只是，等她费尽心力翻译出来，却遭遇了无法出版的问题。不是她译得不好，而是外国读者对这种题材的小说根本不买账。后来，更可惜的是，这本小说的英译稿竟然在一次搬家中丢失了。

还好，爱玲没有气馁。之后她将这本小说译成了国语版。在她的努力及坚持下，国语版的《海上花》于 1981 年在《皇冠》杂志刊出，反响不凡。后来又出了单行本，销路亦好。

有意思的是，爱玲还戏仿了一个古典小说的回目明之：“张爱玲五详《红楼梦》，看官们三弃《海上花》”。

隐居沙漠里

1

自 1969 年开始，张爱玲完全过起了离群索居的隐逸生活。

那时，她名望鹊起，作品深入人心，仰慕者更是不少，每天登门拜访者亦数不胜数。不过，无论是谁，她都谢绝接待。因此也使得“张爱玲”这三个字成了一个十分神秘的意象符号。

不过，还是有个无比幸运的人得到了爱玲的接待。

这个幸运儿，是之前陪着爱玲在花莲游玩的王祯和的同学水晶。水晶，原名杨沂，台大外文系毕业，后在美国加州大学任教。在台大读书时，他就非常迷恋爱玲的作品。毕业后，还对爱玲进行了一段时间的研究。

1970 年，他前往加州柏克莱大学进修。那时，爱玲正在这所大学的中国研究中心担任研究员。水晶知道后，就迫不及待地来到爱玲的居所求见。第一次求见，爱玲以感冒为借口拒绝了他。过了一个星期，执著的他坚持给爱玲打电话，终于在一个深夜，与爱玲通上了话。寒暄了几句，爱玲要了他的电话和地址，答应先写张“便条”，再电话联系他。可是，等了一个月，水晶都没能等到爱玲的答复。无奈，他在自己即将离开柏克莱大学时，将自己写的《试论张爱玲〈倾城之恋〉中的神话结构》寄给了爱玲。几天后，不寄任何希望的水晶，竟然接到了爱玲的回信，邀请他来公寓见面。

这次见面，相聊甚欢。

长达近七个小时的畅聊，连爱玲自己都在感慨，这样推心置腹的谈话，近十年里也就这么一次。

更让水晶一辈子难忘的，还有爱玲送他的礼物。在他的来信里，爱玲得知他已经订婚，于是在辞别时，将一瓶八盎司重的

Chanel 香水赠送给了他，让他转送他的未婚妻。

后来水晶写过他跟张爱玲的那次见面：

> 她的起居室犹如雪洞一般，墙上没有一丝装饰和照片，迎面一排满地玻璃长窗。她起身拉开白纱幔，参天的法国梧桐，在路灯下，便随着扶摇的新绿，耀眼而来。远处，眺望到旧金山的整幅夜景。隔着苍茫的金山湾海山，急遽变动的灯火，像《金锁记》里的句子，“营营飞着一窠红的星，又是一窠绿的星。”
>
> 她当然很瘦——这瘦很多人写过，尤其瘦的是两条胳臂，如果借用杜老的诗来形容，是“清晖臂寒”。像是她生命中所有的力量和血液，统统流进她稿纸的格子里去了。
>
> 她的笑声听起来有点腻答答，发痴嘀嗒，是十岁左右小女孩的那种笑声，令人完全不敢相信，她已经活过了半个世纪。

读之，你会觉得爱玲就在了眼前，她去拉开白纱幔，她瘦的胳臂，她那腻答答的笑声，都在身边了，不远处。你触手可及，你亦可静静观赏，你还可闭眼倾听。

而他在《蝉——夜访张爱玲》的文章中如是形容爱玲：

我想张爱玲很像一只蝉，薄薄的纱翼虽然脆弱，身体的纤维质素却很坚实，潜伏的力量也大，而且，一飞便藏到柳荫深处。

在他之后，爱玲再也没有接受过任何人拜访了。

2

1973 年，爱玲定居洛杉矶。

从此，她将最后一重心门掩上，红尘世事再与她无关，她亦不再过问。她独自沉浸在那座浩瀚磅礴的大都市里，在自己的孤独里归于平静。虽然，此时港台、大陆皆掀起一股无比疯狂的“爱玲热”，但是这其间诸多的喧闹已与她无关。她远在大洋彼岸的一个国度里，自我归于静好，归于安稳。

也就是在 1979 年，她和姑姑有了些联络。

那时，姑姑终以七十八岁的年龄嫁给了一生都无法忘记的初恋情人李开弟。之后，姑姑几经辗转终在宋淇的帮助下，跟失去联系多年的爱玲联系上了。她给她写了封信，告知已与李开弟结为夫妇，以及思念之情。

爱玲看到信后为姑姑终找到归宿而欣慰。

之后她们之间用书信联络，虽联系疏落，却是极见深情的。不过，这期间爱玲从未想过要去亲自看望她。直到 1991 年姑姑在上海去世，她都没回去。

大费周折后，弟弟张子静也联系上她了。给她去了封信，可是，不知爱玲是疏于跟他交流，还是本就不亲密，反正最后结果她是用自己一贯的冷淡方式对待的。

有人说，“爱玲所以如此苍凉，是因为她站在了亲情的废墟上了。在难以排解的忧伤中惘然着，直到中年以后一切看透，如是，开始了她的离群索居。”

只是，生活总无法尽如人意。

她不牵惹任何凡尘地过着自己的日子，却一刻都没能真正地消停过。她一直不停地搬家。据资料显示，她从1984年至1988年间，平均是每个星期搬家一次。

为什么会这样呢？

竟然是为了躲避跳蚤。

爱玲说，南美种的蚤子非常顽强，小得肉眼看不见，根本就杀不净。为此，她还被其染上严重的皮肤病。也为此，她要时刻不停地搬家以躲避。

那时，她给夏志清写信诉说这恼人的事：

> 天天上午忙搬家，下午远道上城（按：主要去看医生）。有时候回来已经过午夜了，最后一段公车停驶，要叫汽车——剩下的时间只够吃睡……

那时的她主要居住在一种汽车旅馆里，因为环境简洁，对她来说方便。另外，为了减轻搬家的负担，她将一些身外之物尽可能地丢弃掉。渐渐地，她留下来的东西屈指可数。

时年，她的朋友庄信正先生因为十分担心她的健康，于是便托朋友建筑师林式同帮忙照顾爱玲。第一次，林式同并没能帮到爱玲，因为离群索居惯了的爱玲，不愿见任何外人。她只从门缝里让他把信放在了门口。

后来，通过夏志清先生结识的美籍华人、哈佛研究生司马新，于辗转中为她在洛杉矶找到了一位名医，总算把爱玲的皮肤病治好了。

1988年，爱玲写信告诉林式同，皮肤病终于好了，可以替她找个固定的住处了。

在一家汽车旅馆里，林式同见到了于他而言至为神秘的爱玲。他回忆说：

> ……走来一位瘦瘦高高、潇潇洒洒的女士，头上包着一幅灰色的方巾，身上罩着一件近乎灰色的宽大的灯笼衣，就这样无声无息地飘了过来。

爱玲对于新住房的要求，如下：

单人房（小的最好）；

有浴室；

有冰箱（没有也可）；

没炉灶；

没家具（有也行）；

房子相当新、没虫；

除了海边之外，市区、郊区也行；

附近要有火车。

看来，对房子里的生活设施没甚要求的她，是被虫给折磨坏了，也是怕了的。

林式同很快就为她找到了符合要求的住处，房东是位伊朗人。

为了免被打扰，爱玲在新公寓的信箱上写了一个越南名字Phong，并对房东解释说，是因为许多亲戚以为她发了财，都想找她借钱。

她是要彻底地与世隔绝，离群索居了。

3

那段时日里，有着稳定稿费的爱玲，不缺钱，却缺安定。

只因她太红，太神秘，以至于招来许多各形各色的仰慕者。

尽管那时她那般小心翼翼地过日子，尽量不出门，偶尔出门就尽可能将日常所需的物品一次性购买。就连到信箱取信的次数也开始减少，而且都是在夜深人静时才去取。

就是这样，她的生活还是被打扰了。

打扰她的人，叫戴文采。

这个叫戴文采的女士，来自台湾。虽然算不得职业的记者，但是却有着现今狗仔队人的执著风采。

她一直很崇拜爱玲，不仅在写作上尽力有意地模仿爱玲的文笔，而且还时常写信给爱玲，只因一直没得到爱玲的答复，于是不远万里来到美国，想要亲自见到爱玲。彼时，爱玲隔壁的房间正好空着，她赶紧给租下，成了爱玲的邻居。

因为怕被拒绝，她倒没有直接去敲爱玲的门，而是每天仔细地聆听爱玲房间的动静，揣摩爱玲的起居。一直住了快一个月，她才亲眼见到了出来倒垃圾的爱玲。

于是，兴奋不已的她怀着激动无比的心情如是写下：

> 她真瘦，顶重略过八十磅。生得长手长脚，骨架却极细窄，穿着一件白颜色衬衫，亮如洛佳水海岸的蓝裙子，女学生般把衬衫扎进裙腰里，腰上打了无数细碎褶，像只收口的软手袋。因为太瘦，衬衫肩头以及裙摆的褶线始终撑不圆，笔直线条使瘦长多了不可轻侮……我正想多看一眼，她微偏了偏身，我慌忙走开，怕惊动她……因为距离太远，始终没有看清她的眉眼，仅是如此已经十分震动，如见林黛玉从书房走出来葬花，真实到几乎极不真实。岁月攻不进张爱玲自己的氛围，甚至想起绿野仙踪……

但她并不甘心这么长时间的等待，只见了爱玲一面而无任何实质性的交流。她想起爱玲刚刚丢下的垃圾，她把垃圾桶里的爱玲刚刚丢下的垃圾用树枝给钩了上来，继而就在那些垃圾里忘我地找着、翻着。从此后，她便将捡拾爱玲的垃圾作为研究爱玲的重要资料。

垃圾，确实能反映出一个人日常生活中的种种细节。

这位戴小姐，最后通过爱玲的垃圾，获得了不少关于爱玲的生活信息：她平时吃什么，喝什么，读什么报，甚而煎鸡蛋的技术如何，吃不吃零食，存钱到哪家银行，出门都买什么东西，多久取一次信函，如是等等。

根据这些垃圾反映出的信息，这个戴小姐竟然写出了一篇《我的邻居张爱玲》。她在写完这篇文章后，便兴高采烈地投给了台北的《联合报》副刊，副刊主编看文章有涉及爱玲的个人隐私，认为现在不是发表的时候，要等到爱玲百年之后才能发表。可是，这位戴小姐不甘寂寞，于是就又投给台北《中国时报》的副刊编辑季季，季季亦有同样的职业操守，用同样的理由拒绝了她。

在两次明确遭拒后，她仍不死心。后来，不知道她用怎样的办法，这篇稿子还是见诸报端。

爱玲在得知这件事情后，以最快的速度搬离了那儿。

那时的爱玲已经很老了，搬一次家对她而言非常不易。为了避免再次暴露行踪，这一次除了帮她找房子的林式同知道她的住址外，再没有人知道了。就是她的姑姑，她也没敢告诉。

最后的最后

1

经历了戴文采事件后，爱玲对外界的干扰犹如惊弓之鸟。这一次，她将自己藏得更深了。跟至亲朋友更是联络甚少。

一次，上海的弟弟张子静在报纸上看到一则关于爱玲的消息，说女作家张爱玲已经去世云云。张子静当即伤心不已，而此时，因为爱玲频繁搬家，又不与他联络，他早已失去了姐姐的地址。之后，他颇费了一番周折，终和爱玲联系上了，才将一颗悬着的心放下。

最后时期的爱玲，已不和任何人联络，只一个人孤独着自己的孤独。姑姑，不联络；好友炎樱，亦不联络。

她唯一还联络的人，就是林式同了。

林式同，确实是少见的热心肠。尽管他是个建筑师，对文字一无所知，但是对爱玲，这位颇倔强个性的老人，却有着莫名的崇拜和仰慕。自从接受了庄信正先生的嘱托之后，十多年里，他一直尽心地帮助着爱玲。只要爱玲需要，他总是毫不迟疑。他帮爱玲找房子，帮爱玲补办遗失证件，并把自己的住址作为爱玲永久的通讯地址。且他从不跟任何人透露爱玲的信息。

寡居的爱玲，因此对他十分信任。

在她人生最后的十余年里，她将他视为唯一的亲人，甚而她还很喜欢跟他聊天。即便如此，爱玲跟他的联系亦是有限的。她只有在自己实在需要帮助的时候，才去找他。

1991 年，姑姑张茂渊在上海去世。

同年 6 月，好友炎樱也去世了。

爱玲，仿似意识到死亡离自己已经不远了，于是，她在 1992 年 2 月，为自己立下一份遗嘱。遗嘱大致内容是：将所有遗产留给香港的宋淇夫妇；不举行任何葬礼仪式；将遗体立刻火化，不让任何人看到；骨灰撒到任何空旷的荒野。遗嘱的执行人为林式同。

当月 17 号，林式同收到了这份遗嘱。爱玲也许是怕自己的这种举措会令林式同感到突兀，于是附信解释道："在书店里买表格就顺便买了张遗嘱，免得有钱剩下就会充公。"

尽管她如是解释了缘由，但是收到此遗嘱的林式同仍是惊讶到不行，后来，他在《有缘得识张爱玲》里写道：

> 一看之下我心里觉得这人真怪，好好的给我遗书干什么……遗书中提到的宋淇，我并不认识，信中也没有说明他们夫妇的联系处，仅说如果我不肯当执行人，可以让她另请他人。张爱玲不是好好的吗？我母亲比她大得多，一点事也没有……

所以，林式同没有答复她。因为，他觉得这是很遥远的事情。

写完这封信后，爱玲就又把自己深藏起来，亦很少和他联络。他亦不知道，爱玲最后几年里，是怎样度过的。

2

如此孤独幽居的爱玲，仍还是和自己的文字做伴的。

她开始着手《对照记》的撰写，及继续自己那部神秘的《小团圆》。

《对照记》，是部图文并茂的作品，亦是她晚年最后一部作品。一半是文字，一半是照片。关于撰写初衷，她在书中如是写道：

> “三搬当一烧”，我搬家的次数太多，平时也就“丢三落四”的，一累了精神涣散，越是怕丢的东西越是要丢。幸存的老照片就都收入全集内，借此保存。

依稀仿佛，我看见在大洋彼岸的一间干净简洁的公寓里，爱玲孤独地整理着，对照着，回忆着。她依然静美，脸上有让人忍不住想过去怜抚一下的沧桑，可是眼睛里却透露着一种孩子气的天真。

李碧华曾说这本书里的爱玲的照片：

> 我的印象至深，是大部分张的倩影，总是仰镜，镜头自低角度往上拍摄，而她又不自觉（或自觉？）地微仰首，高瞻远瞩，睥睨人间。因为这不断出现的神情，令人有“鹤立鸡群”之强烈感觉。一个人的小动作往往介绍了自己，也出卖了自己。即使什么也不说，却说了很多。

《对照记》中，大篇幅的照片和文字都是祖辈们的，她如是解释道：“祖父母的姻缘色彩鲜明，给了我很大的满足。”诚然，晚年的她对她那个甚少言说的家世的这种回忆，给了她孤寂时刻最大的满足。在异国他乡，她看着那些老照片儿，回忆一些与她交集抑或不交集的过往，实则是一件很温馨的事情，好多时候，亦是她取得来自亲情的一种温暖。

不过，在这些充满过往回忆的文字里，我们看不到那两个男人的身影——胡兰成和赖雅。有言毒者说，“任是张爱玲，心底究竟依然是弱的。”或许吧，那给过她激情的，亦给了她情殇的男子，始终都痛在那里，因为太过执念，亦用情；而那个给了凡俗婚姻的，也给了她奔波的男子，则一直堵在她心头，因为付诸太多，亦很难再多说了。

千帆过尽，爱亦好，恨亦好；甜蜜亦好，悲凉亦好。

1993 年，《对照记》完稿。

1994 年，《对照记》获得台湾《中国时报》“文学奖特别成就奖”。为此，她拍了一张照片。后来，她将这张照片放在《对照记》再版时的最后一页，并附有一段补写的旁白：

> 写这本书，在老照相簿里钻研太久，出来透口气。跟大家一起看同一头条新闻，有“天涯共此时”的即刻感。手持报纸倒像绑匪寄给肉票家人的照片，证明他当天还活着。其实这倒也不是拟于不伦，有诗为证。诗曰：人老了大都是 / 时间的俘虏 / 被圈禁禁足 / 它待我还好—— / 当然随时可以撕票 / 一笑。

寥寥数语间，即将自己的人生搁置到行将谢幕里。

事实上，她的这张照片，亦是她留给世人最后的影像。照片中的她，清瘦，亦已苍颜，但双目仍炯炯有神。就如她说的那般，她手中握着一卷报纸，跟大家是“一起看同一头条新闻”，可是，细看下不由心惊，那报纸上竟赫然印着“主席金日成昨猝逝”几个黑体大字。

也许，她灵异，一早就有所指。

因为要让《对照记》先出版，原定在1993年完稿的《小团圆》，就给耽搁了。而且，这一耽搁竟还使得《小团圆》成了个没写完的故事。

爱玲曾说《小团圆》：“这是一个热情故事，我想表达出爱情的万转千回，完全幻灭了之后也还有点什么东西在。”

然而，就是这个热情的故事，这个她历时二十多年创作的故事，直到去世前都没能完成。

之前这部小说的手稿，亦未曝光过，只有好友宋淇和平鑫涛看过此手稿。不知出于何种原因，爱玲亦在遗嘱中要求将其销毁。不过，这部折难颇多，几将成为遗憾的作品，还是在爱玲过世十四年之后，由皇冠出版社出版了。

时年，2009年2月26日。

终还是圆了爱玲那千千万万忠实读者一个梦，在这本书里，大家可找到许多关于她的真实故事，那些真实存在过的，而今已无法触摸的故事。

尾篇……她，一个人的城池

1995年5月，久不联系林式同的爱玲，突然写信要求搬家。说想搬到亚利桑那州的凤凰城，或内华达州的拉斯维加斯去。

不过，这一次林式同没似往常那般帮她安排。因为，爱玲说的那两个地方都是沙漠，他认为年老体弱的爱玲受不了那样的气候。不多久，爱玲又致电他，说皮肤病犯了，连衣服都不好穿，整日要照紫外线灯。她问他可否在洛杉矶找一处新建的房。林式同答应了她，不过要等到7月份租约到期。

这之后，爱玲再也没有联系过他。他亦没多想，为免给她带来不必要的惊扰，他也没有去询问房子租住的事。只是，令他没想到的是，这竟是他们最后一次通话。

1995年中秋节前夕，林式同刚回到家，正准备坐在沙发上看报纸，突然接到一通急促的电话。电话那头是爱玲房东的女儿，她说："你是我知道的唯一认识这个中国女子的人，所以我打电话给你，我想她已经去世了。"

听后，他急忙拿着爱玲曾经寄给他的那份遗嘱赶往爱玲租住的罗切斯特街公寓。赶到后，他看见警察和房东正在忙碌。法医鉴定说，距离爱玲死亡已有六七天了，死因是心血管疾病。

他向警察告知了身份，进到爱玲的房间。

一切都那么静谧安详，她着一件赭红色旗袍，安静地躺在一张行军床上，身体下垫了一张蓝灰色的毯子。身上，没盖任何东西，头朝着房门，脸朝外，眼和嘴都闭着，手脚自然平放着。出奇的瘦，但表情至为安详。房间里用来保暖的灯还亮着。

靠门的折叠桌上，放着一个手提包，里面井然有序地摆放着她的各种证件和信件；地上摆放着许多纸袋，零零散散地还摆着一些她的作品和台港寄来的报纸、杂志。很显然，她整理过这里。或许，死前，她亦有感应，她把所有的东西都放好，只带着她那颗孤寂的灵魂。

她擅写皓月，自身却不得团圆。

就这样，在1995年中国人传统的中秋节前几日，她于美国洛杉矶的寓所内就这般悄然谢世。直到生命终结，都未让任何人知晓。她，亦素来不允许自己成为任何人的麻烦和负担的。

有人说："这是种最有尊严的死法，是她主动选择的。"

亦有人唏嘘："张爱玲踏着明月，独自梦回上海滩，用热泪洗刷那些苍凉的记忆，让东方的最新风景涤荡着自己孤独的情怀……"

于我，她永远是那个衣着旖旎、正大仙容、惊艳文坛的女子。对于她，我永怀着一份"高山仰止，景行行止，虽不能至，然心之向往"的敬仰。

李碧华说：

张爱玲三个字，当中粉红骇绿。影响大半世纪。是一口任由各界人士四方君子尽情来淘的古井，大方的很，又放心的很——再怎么淘，都超越不了。但，各个淘古井的人，却又互相看不起，窃笑人家没有自己"真正"领略她的好处，不够了解。除了古井，张还是紫禁城里头出租的龙袍凤冠，狐假虎威中的虎，藕断丝连中的藕，炼石补天中的石，群蚁附膻中的膻，闻鸡起舞中的鸡，鹤立鸡群中的鹤……每以鹤姿仰视，冷静，自信，独立，而且毒辣。

我们永远见不着她顶上的朱红。

1995 年 9 月 30 日，林式同和她生前的诸位好友一起，将她的骨灰撒入太平洋中。这一天，恰巧是她七十五岁生日。

自此，这个如烟花般绚烂过的女子，以其干净凛冽的姿势走完了她苍凉底色的一生。可是，我知道，在世人的心中，她永远是那个以一双天然妙目君临着她一个人的城池的傲骨凌然的女子，且自始至终，都不见一丝一毫的杯盘狼藉。

张爱玲年表

1920 年　出生　9 月 30 日，张爱玲出生于上海麦根路（今康定东路），原籍河北丰润，原名张煐，10 岁时改名张爱玲，曾用笔名梁京。父亲张志沂（1896—1953），清末著名“清流派”代表张佩纶的儿子；母亲黄逸梵（素琼）（1893—1957），南京黄军门的女儿。祖母李菊耦，李鸿章之女。

1921 年　1 岁　12 月 21 日，弟弟张子静出生。

1922 年　2 岁　张志沂任天津津浦铁路局英文秘书，全家迁至天津 32 号路 61 号大宅。

1924 年　4 岁　进入私塾学习，在读诗背经的同时，开始小说创作。同年，其姑姑张茂渊（1898—1991）和母亲黄逸梵一同赴英国留学。

1926 年　6 岁　张志沂遂将所纳之外室——一个绰号老八的妓女接到家中，并沉迷于鸦片。

1928 年　8 岁　张爱玲全家迁回上海，不久母亲黄逸梵从英国回国。张爱玲跟随母亲学习绘画、钢琴和英文。写过一篇乌托邦式的小说《快乐村》。

1930 年　10 岁　母亲黄逸梵坚持送她进学校上学，为此与丈夫大吵一场，随后带着她跑到黄氏小学，正式改名为张爱玲，“爱玲”为英文“Eileen”的译音。

同年，父母离婚，张爱玲跟随父亲生活，居住在宝隆花园（今延安中路 740 弄 10 号）。母亲黄逸梵和姑姑张茂渊同居住在法租界白尔登公寓（今陕西南路 213 号）。

1931 年　11 岁　张爱玲进入美国圣公会办的贵族学校圣玛利亚女中（今长宁路 1187 号）就读，并且开始阅读《红楼梦》。

1932 年　12 岁　在圣玛利亚女中校刊《凤藻》上，发表了她的短篇小说处女作《不幸的她》。

1933 年　13 岁　在圣玛利亚女中校刊《凤藻》上发表她的第一篇散文《迟暮》。画了一幅漫画，寄给上海《大美晚报》发表，并收到报社寄给的第一笔稿费 5 元钱，为自己买了一支小号丹琪口红。

1934 年　14 岁　父亲张志沂与民国政府前总理孙宝琦之女孙用蕃结婚，婚礼在国际饭店举行。

夏天，升入圣校高中。

写了生平第一篇长篇章回小说《摩登红楼梦》，父亲为她拟了回目。

1937 年　17 岁　从圣玛利亚女中毕业。

其间，在《国光》刊载小说《牛》、《霸王别姬》及《读书报告叁则》、《若馨评》，《凤藻》刊载《论卡通画之前途》。

其间，母亲第二次出国归来，张爱玲因躲避日寇炮火到母亲家住，遭父亲毒打。

1938 年　18 岁　旧历年前，趁父亲不注意，在女佣何干的帮助下，逃出父亲的家。转而投入母亲黄逸梵的怀抱。

1939 年　19 岁　获得伦敦大学奖学金，准备留学。不久“二战”爆发，张爱玲被迫改入香港大学文学院。并在此结识了终生的朋友，斯里兰卡女子炎樱（Fatima Mohideen）。

1940 年　20 岁　4 月 16 日，《西风》月刊三周年征文揭晓，张爱玲的《我的天才梦》获名誉奖第三名。

1942 年　22 岁　香港沦陷，香港大学停课，张爱玲被迫中断学业，回到上海，进入美国圣公会中国差会主办的圣约翰大学就读，但是两个月后就因为经济窘困而辍学。从此她选择从事文学创作为生，并开始为英文《泰晤士报》写剧评、影评；也替德国人办的英文杂志《二十世纪》写《中国人的生活与服装（*Chinese life and Fashion*）》。当时她租住赫德路爱丁顿公寓（即常德公寓，现址上海市常德路 195 号）51 室（1942 年迁至 65 室），与姑姑张茂渊为邻。

1943 年　23 岁　张爱玲结识了上海著名作家和编辑周瘦鹃，并受其赏识。

1943—1944 年
23 岁至 24 岁　连续发表多篇中短篇小说，在《紫罗兰》杂志连载中篇小说《沉香屑：第一炉香》、《沉香屑：第二炉香》，《杂志》月刊刊载《茉莉香片》、《到底是上海人》、《倾城之恋》、《金锁记》，《万象》月刊刊载《心经》、《琉璃瓦》，《天地》月刊刊载《散戏》、《封锁》、《公寓生活记趣》，《古今》月刊刊载《洋人看京戏及其他》、《更衣记》。引起轰动，在沦陷时期的上海一举成名。

1944 年　24 岁　结识汪精卫伪政权的宣传部次长、作家胡兰成（1906—1981），并与之交往。其实自 1942 年起，胡兰成便一直与上海极司菲尔路 76 号特工总部警卫队长吴四宝遗孀佘爱珍有染。8 月，胡兰成与张爱玲在上海结婚（婚礼上只有炎樱和胡兰成的侄女胡青芸在场）。不久，胡兰成前往武汉办报，在医院期间结识一名 17 岁的护士周训德，并与之同居。

1945 年　25 岁　8 月，日本投降，胡兰成化名张嘉仪，逃亡至浙江温州，任教于温州中学。在流亡期间，胡兰成与范秀美同居。

1946 年　26 岁　2 月，张爱玲前往温州探视胡兰成。与胡兰成因为情人之事发生争吵，最后黯然回上海。
与电影导演桑弧合作，写作了《不了情》、《太太万岁》等剧本，颇为成功。

1947 年　27 岁　6 月 10 日，张爱玲写信与胡兰成分手。
11 月，《传奇》（增订本）由山河出版公司出版，炎樱设计了封面。

1948 年　28 岁　以梁京的笔名，在上海《亦报》连载《十八春》（后改名为《半生缘》）。

1949 年　29 岁　5 月 27 日，上海解放，张爱玲继续留在上海。

1950 年　30 岁　夏，张爱玲曾经参加上海文艺代表团到苏北农村参加土改两个月时间，但是由于无法写出政府要求的“歌颂土改”的作品，颇感困惑。她感到与当时的社会环境格格不入，加之与胡兰成的关系，她面临着极大的政治压力。

1951 年　31 岁　11 月，《十八春》由上海《亦报》社出版单行本。

1952 年　32 岁　7 月，张爱玲声称要“继续因战事而中断的学业”，只身离开中国内地，迁居到香港。随后就职于美国新闻处（United States Information Service）。在港期间，张爱玲结识毕生挚友宋淇夫妇。在宋淇力捧下，成为电懋的编剧主力之一。

1953 年　33 岁　父亲张志沂在租住的上海江苏路 285 弄 28 号吴家小客厅去世，终年 57 岁。
《秧歌》英文本在美国出版，美国的《纽约时报》、《星期六文学评论》、《时代》周刊相继发表书评。

1954 年　34 岁　发表以土改为背景的小说《秧歌》(中文版) 与《赤地之恋》。结果其作品被作为“毒草”在大陆受到批判。

1955 年　35 岁　离港，赴美国定居。

1956 年　36 岁　3 月到 6 月，生活窘迫的张爱玲居住在新罕布什尔州彼得堡的麦克道威尔文艺营 (MacDowell Colony)，在此她结识了 65 岁的左翼剧作家赖雅 (Ferdinand Reyher) 并怀孕。
同年 8 月 14 日，两人结婚。但由于各种原因，张爱玲在寓所进行人工流产。

1957 年　37 岁　母亲黄逸梵在英国伦敦去世，终年 64 岁。因经济状况，张爱玲没有前去出席葬礼。

1960 年　40 岁　7 月，张爱玲成为美国公民。

1961 年　41 岁　到香港和台湾寻求机遇，这是她有生之年唯一一次造访台湾。张爱玲先到台北，在作家王祯和的陪同下到花莲观光。中途赖雅在美国中风，被迫中断台湾之旅。
为寻得合作，她转机香港。因创作《红楼梦》剧本，而滞留在香港。后来，因为种种原因，《红楼梦》剧本没被采纳。她身心疲惫。

1962 年　42 岁　年初，回美国，与赖雅移居华盛顿。

1966 年　46 岁　4 月，《怨女》单行本由台湾皇冠出版社出版。

1967 年　47 岁　10 月 8 日，赖雅去世。张爱玲获邀担任美国雷德克里夫女子学校驻校作家，并且开始将清朝的长篇小说《海上花列传》翻译成为英文。
英文长篇小说“*The Rouge of the North*”（即《怨女》）在英国伦敦出版。

1968年　48岁　长篇小说《秧歌》、《张爱玲短篇小说集》、《流言》先后在台湾皇冠出版社出版。

1969年　49岁　《半生缘》由皇冠出版社出版。
《皇冠》杂志发表《红楼梦未完》。
移居加州，受聘于加州柏克莱大学。

1973年　53岁　《幼狮文艺》刊载《初详红楼梦》。
是年秋，定居洛杉矶，于寓所深居简出。

1974年　54岁　《中国时报》人间副刊刊载《谈看书》、《〈谈看书〉后记》。

1975年　55岁　完成英译《海上花列传》。
《皇冠》杂志刊载《二详红楼梦》。

1976年　56岁　散文小说集《张看》由皇冠出版社出版。
《联合报》刊载《三详红楼梦》、《〈张看〉自序》。

1977年　57岁　十年心血之作红学专著《红楼梦魇》由皇冠出版社出版。

1979年　59岁　《中国时报》刊载《色戒》。

1981年　61岁　《海上花列传》由皇冠出版社出版。

1983年　63岁　《惘然记》由皇冠出版社出版。

1984年　64岁　《联合文学》刊载电影剧本《小儿女》、《南北喜相逢》。

1986年　66岁　2月，小说集《传奇》由人民文学出版社重新排印，前附作者像。
12月—次年1月，《小艾》在台湾《联合报》副刊连载。

1987 年　67 岁　《余韵》由皇冠出版社出版。

1988 年　68 岁　《续集》、《表姨细姨及其他》、《谈吃与画饼充饥》由皇冠出版社出版。

1989 年　69 岁　5 月，剧本《太太万岁》在台北《联合报》连载。

1990 年　70 岁　台北《联合报》副刊 2 月 9 日刊载《草炉饼》。

1991 年　71 岁　6 月，姑姑张茂渊在上海去世。

7 月，《张爱玲全集》典藏版:《秧歌》、《赤地之恋》、《流言》、《怨女》、《倾城之恋》、《第一炉香》、《半生缘》、《张看》、《红楼梦魇》、《海上花开》、《海上花落》、《惘然记》、《续集》、《余韵》由皇冠文学出版有限公司出版。

1992 年　72 岁　《爱默森选集》由皇冠文学出版有限公司出版。

《张爱玲文集》（四卷本）由安徽文艺出版社出版。

《张爱玲评传》由花山文艺出版社出版。

1993 年　73 岁　历时三年的《对照记》完成。

《联合文学》刊载电影剧本《一曲难忘》。

1994 年　74 岁　《对照记》由皇冠文学出版有限公司出版。

1995 年　75 岁　9 月 8 日，逝世于洛杉矶公寓，当时身边没有一个人，即将迎来中国的团圆节日——“中秋节”，享年 75 岁。

9 月 19 日林式同遵照张爱玲遗愿，将遗体在洛杉矶惠捷尔市玫瑰岗墓园火化。

9 月 30 日张爱玲的生日，林式同与数位文友将她的骨灰撒入太平洋。

作者简介：

桑妮，本名张广慧，水瓶座。热爱文字、摄影、电影。

曾为杂志编辑，现从事出版。

已出版《民国女子》、《你是我眉心未完的诗》。

MooNbooks

出 品 人 惠西平
总 策 划 宋亚萍

策划出品 沐文文化 | MooNbooks 沐文微博:http://weibo.com/moonbooks
饕 书 客 | TopBook 饕书客 饕书客微博:http://weibo.com/u/2301720422

策 划 人 张进步 程园园
出版统筹 关 宁
责任编辑 韩 琳 王 倩 王 凌
视觉监制 马仕睿
装帧设计 typo_d